KB107356

에로스의
눈물

조르주 바타유
윤진 옮김

Les Larmes d'Éros
Georges Bataille

에로스의
눈물

민음사

일러두기 1 『조르주 바타유 전집 10(Oeuvres complètes, tome
          10)』(1987, Gallimard)에 수록된 『에로스의 눈물(Les Larmes
          d'Éros)』(1961)을 저본으로 삼아 우리말로 옮겼다.
       2 본문 도판은 독자의 이해를 돕기 위해 일부 추가하였다.
       3 각주 중 옮긴이 주는 따로 표시하여 구분하였다.
       4 인명 및 지명은 외래어 표기법을 따랐으나 몇몇 예외를 두었다.

머리말

우리는 에로티즘과 도덕이 연결되어 있다는 생각이 불합리함을 깨닫게 되었다.

그러한 생각은 에로티즘이 종교의 가장 오래된 미신들과 연결된 데서 기원한다.

역사적인 정확성을 넘어 우리가 늘 주시하는 원칙이 있다. 그것은 우리가 둘 중 하나라는 사실이다. 욕망, 불타는 격정이 우리 눈앞에 펼쳐 놓는 것에 사로잡히거나 더 나은 앞날에 이성적인 관심을 쏟거나.

둘 사이에는 아마도 타협점이 있다.

나는 더 나은 앞날을 생각하며 살 수 있다. 그렇지

만 그 앞날을 다른 세계로 보낼 수도 있다. 오직 죽음만이 나를 데려갈 수 있는 세계로…….

어쩌면 이러한 타협점이 불가피했다. 인간이 다른 그 무엇보다도 자신의 죽음 이후에 올 상이나 벌에 매달리는 시대가 왔기 때문이다.

하지만 결국 그러한 근심이(혹은 그러한 희망이) 힘을 잃고, 즉각적인 관심과 앞날의 이익이, 혹은 불타는 욕망과 이성적으로 숙고된 타산이 타협점 없이 대치하는 시대가 다가오고 있다.

그 누구도 불타는 격정이 우리를 더 이상 흔들지 못하는 세계를 상상하지 못하고…… 반면 그 누구도 우리가 더 이상 타산에 얽매이지 않는 삶이 가능하리라고 생각하지 못한다.

문명, 즉 **인간적 삶의 가능성**은 삶을 보장하는 수단들을 합리적으로 예견하는 데 달려 있다. 하지만 우리가 지켜 내야 하는 삶—문명화된 삶—이 바로 그 삶을 가능하게 해 주는 수단들로 환원되지는 않는다. 우리는 타산적인 수단들 너머로 그 수단들의 **목적 — 혹은 목적들**—을 찾는다.

명백하게 수단에 지나지 않는 것을 목적으로 삼는 일이 너무도 흔하다. 부(富) — 자기 자신만을 위한 개인의 부도 있고, 공동의 부도 있다. — 는 수단일 뿐이다. 노동은 수단일 따름이다.

에로틱한 욕망에의 응답은 — 더 인간적인(덜 육체적인) 욕망인 시(詩)의 욕망, 황홀경의 욕망에의 응답이 그렇듯이(그런데 에로티즘과 시, 혹은 에로티즘과 황홀경이 정말로 다를까?) — 그에 대한 응답은, 반대로, 목적이다.

수단을 향한 추구는 언제나, 최종적으로는, 이성적이다. 반면 목적의 추구는 욕망에 속하고, 욕망은 흔히 이성에 도전한다.

내 안에서 욕망의 충족과 이해타산이 자주 대립한

다. 그래도 나는 욕망 충족을 따른다. 돌연 그것이 나의 최종 목적이 되어 버렸다!

물론 나를 눈부시게 하는 그 목적이 에로티즘의 전부가 아니라고 말할 수 있다. 에로티즘의 결과로 아이들이 태어날 수 있다는 점에서 그렇다. 하지만 그 경우 역시 인간적으로 유용성의 가치를 가지는 것은 아이들에게 필요한 **돌봄**뿐이다. 그러한 유용한 노동(이 노동이 없으면 아이들은 병들고 목숨을 잃게 된다.)과 에로틱한 활동(그 결과로 아이들이 태어날 수도 있다.)을 혼동하는 사람은 없으리라…….

에로티즘이 우리 삶의 목적인 한, 유용한 성 활동은 에로티즘과 대립한다. 출산이라는 타산적 추구는, 톱질이 그렇듯이, 인간적 차원에 있어서 보잘것없는 기계적인 작동에 지나지 않을 수 있다.

인간의 본질이 인간의 기원이자 시발점인 성 본능

속에 주어졌다는 사실로 인해 인간에게 한 가지 문제가 제기되며, 그 앞에서 인간은 공포에 휩싸일 뿐이다.

그러한 공포 상태가 '작은 죽음(petite mort)'[1] 속에 주어진다. 내가 그 '작은 죽음'을 온전히 겪을 수 있을까? 최종적 죽음을 미리 느껴 볼 수 있을까?

발작적인 쾌락의 폭력이 나의 심장 깊숙한 곳에 있다. 동시에 그 폭력은—나는 지금 이 말을 하면서 전율한다.—죽음의 심장이다. 그것이 내 안에서 열리고 있다!

인간적 삶의 모호성은 곧 발작적인 웃음과 오열의 모호성이다. 인간적 삶의 모호성은 그 삶의 바탕을 이루는 합리적 타산을 눈물들과 일치시킬 수 없음에 기인하며…… 끔찍한 웃음과도 일치시킬 수 없다.

---

1 〔옮긴이〕원래는 일시적인 실신 상태를 가리키는 의학적 표현이었고, 성적 도취에 따른 '오르가슴'의 동의어로 쓰인다.

첫걸음 단계에서 이 책의 의미는 우리 의식(意識)이 '작은 죽음'과 최종적 죽음의 동일성에 눈뜨도록 하는 데 있다. 관능에서, 착란에서 무한한 공포까지.

이것이 **첫걸음**이다.

우리로 하여금 이성의 유치한 과오를 잊게 할 첫걸음이다!

한 번도 자신의 한계를 가늠하지 못했던 이성의 과오를 말이다.

그런 한계는, 이성의 **목적**은 이성보다 앞서기에 필연적으로 이성을 **넘어서게** 된다는 사실에서 비롯된다!

이성을 넘어서는 폭력을 통해, 나의 웃음과 나의 오열 속에서, 나를 산산조각 내는 극도의 흥분 속에서, 나는 스스로의 경계를 넘어서는 관능과 공포의 유사성을, 최종적 고통과 참을 수 없는 쾌락의 유사성을 간파한다!

1부

시작: 에로스의
탄생

I 죽음에 대한 인식

1 에로티즘, 죽음, '악마'

단순한 성 활동은 에로티즘과 다르다. 단순한 성 활동은 동물의 삶에 주어진다. 인간의 삶만이 '악마적'이라 할 만한 양상의 활동을 하며, 그것이 에로티즘이라는 이름에 적합하다.

사실 '악마적'이라는 말은 기독교와 연결된다. 그런데 기독교보다 훨씬 오래전의 인류 역시 에로티즘을 알았던 것으로 보인다. 선사 시대의 자료들은 충격적이다. 동굴 벽에 그려진 최초의 인간들은 성기가 발기되어 있다. 선사 시대에 그려진 그림들이니 정확한 의미로 '악마적'이지는 않다. 그때의 악마는…… 결국…….

'악마적'이 본질적으로 죽음과 에로티즘의 일치를 의미한다면, 악마가 결국 우리의 광기일 뿐이라면, 우리가 눈물 흘린다면, 긴 오열이 우리를 찢어 놓는다면, 혹은 발작적인 웃음이 우리를 휘어잡는다면, 우리가 정녕, 맹아 상태의 에로티즘과 연관된, 죽음에 대한 (어떤 의미로는 비극적이고, 그럼에도 불구하고 우스꽝스러운 죽음에 대한) 근심과 강박 관념을 놓칠 수 있겠는가? 동굴 내벽에 흔히 발기 상태로 그려진 인간들이 동물들과 달랐던 이유는 단지 이런 방식으로 ── 원칙적으로 ── 존재의 본질에 연결된 욕망만이 아니다. 우리가 그 인간들에 대해 알게 된 바에 따르면, 그들은 스스로 죽는다는, 동물들은 알지 못하는 사실을 알았다.

아주 오래전부터 인간은 죽음에 대한 인식으로 전율했다. 발기 상태의 남자를 묘사한 그림들은 후기 구석기 시대[2]의 것이다. 형상을 옮긴 가장 오래된 예들에 속한다. (지금부터 2만 내지 3만 년 전의 것이다.) 하지만 인간들이 불안 속에서 죽음을 인식했음을 보여 주는 가장 오래된 무덤들은 그보다 훨씬 과거에 속한다. 전기 구석기 시대의 인간에게 이미 죽음은 너무도 무거운—그리고 너무도 명료한—의미를 띠었기에, 그들은 지금 우리가 하듯이 죽은 이들을 묻기 위해 무덤을 만들었다.

'악마적' 영역은 기독교를 통해 지금 우리가 아는 대로의 불안의 의미를 부여받았지만, 그 본질은 가장 오래된 원시 인간들의 시대에 이미 존재했다. 악마의 존재를 믿는 이들에게는 죽음 이후의 세계가 악마적이겠지만…… 인간이, 적어도 인간이라는 종의 선조들이 죽음을 인식하고 불안 속에서 죽음을 기다리며 살기 시작하던 때 이미 '악마적' 영역은 싹을 틔웠다.

---

2 〔옮긴이〕구석기 시대를 전기, 중기, 후기로 나눌 때, 후기 구석기 시대는 약 5만 년 전부터 농경이 시작된 약 1만 년 전까지, 유럽에서 현생 인류(호모 사피엔스)가 넓게 퍼졌던 '순록 시대'를 가리킨다.

2 선사 시대 인간과 동굴 벽화

인간이 단번에 완성되지 않았다는 사실에서 비롯되는 한 가지 특수한 난점이 있다. 죽은 동료를 처음으로 매장한 이들, 진짜 무덤에서 나온 유골의 주인들은 최초의 인류보다 한참 뒤의 후손들이다. 그런데 처음으로 동료의 주검을 챙긴 그들도 여전히 우리와 같은 인간은 아니었다. 오늘날까지 전해지는 그들의 두개골을 살펴보면, 그 윤곽은 여전히 원숭이에 가깝다. 턱뼈가 돌출되고, 대부분 원숭이들처럼 눈두덩 위로 뼈가 불룩하게 나와 있다. 이 원시 인류는 오늘날의 인간을 가리키는——인간을 확인하는——특성이라 할 수 있는 완전한 직립 자세를 제대로 갖추지 못했다. 서 있기는 했지만, 우리처럼 두 다리를 곧게 펴지는 못했다. 심지어 추위로부터 보호해 줄 털이 마치 원숭이처럼 온몸을 덮고 있었다. 선사 시대 연구자들이 '네안데르탈인'이라 부르는 이들은 우리에게 뼈와 무덤만이 아니라 전체적으로 그들에 비해 인간 형상에서 더 멀었던 선조들의 도구보다 발전된 뗀석기를 남겼다. 그리고 네안데르탈인들 역시 머지않아 모든 점에서 지금의 우리와 유사한 '호모 사피엔스'에게 밀려났다. (이름과 달리 호모 사피엔스는 **지식** 측면에서 앞서 존재한 유인원들과 별반 다르지 않았다. 다만 육체적으로 지금의 우리와 비슷했다.)

선사 시대 연구자들은 네안데르탈인들에게 그 선조들과 마찬가지로 '호모 파베르(제작하는 인간)'라는 이름을 부여한다. 어떤 용도를 위한, 용도에 맞춰 만들어진 도구가 인간의 시작을 알리는 것은 맞다. 무언가를 안다는 것이 근본적으로 무엇을 '할 줄 안다'는 것임을 받아들인다면, 도구는 곧 인식의 증거다. 원시 인간이 남긴 가장 오래된 흔적들, 그들의 뼈와 그들이 사용하던 도구가 북아프리카(테르니핀 팔리카오[3])에서 발견되었고, 약 1백만 년 전의 것으로 추정된다. 하지만 첫 무덤들에서 알 수 있는 사실, 즉 인간이 죽음을 인식하기

---

3   [옮긴이] 알제리 티게니프 지역의 옛 이름. 1870년에 이곳에서 발견된 화석 인류를 '테르니핀인'이라 부른다.

시작했음은 (특히 에로티즘의 차원에 있어서) 굉장히 중요
하다. 그것은 시기적으로 훨씬 뒤, 원칙적으로 지금부
터 약 10만 년 전이다. 그리고 마침내 지금의 우리와 동
류의 인간, 즉 그 유골을 통해 우리와 같은 종에 속함을
확인할 수 있는 이들이 나타난 때는 (여기저기 흩어져 발
견되는 뼈들을 제외하고 한 문명으로 연결되는 무덤들만을 고려
할 때) 기껏해야 3만 년 전이다.

　　3만 년…… 이제는 고고학적 발굴로 찾아낸 인간
의 유골을 과학과 선사 시대 연구가 해석해 내는, 필연
적으로 메마르게 하는 그런 식의 연구가 아니다.
　　이제는 눈부신 기호들…… 깊은 감수성을 건드리
는 기호들이다. 우리의 가슴을 뭉클하게 할 힘을 지닌,
앞으로도 계속 우리 마음을 흔들어 놓을 기호들이다.
그 기호들은 바로 오래전 인간들이 주술 의식을 행하던
곳이었을 동굴 내벽에 남겨진 그림들이다.

　　후기 구석기 시대의 인간, 그러니까 선사 시대 연

구가 (호모 사피엔스[4]라는) 합당하지 않은 이름으로 부른 인간이 나타나기 전까지, 초기 인류는 분명 동물과 우리 사이의 중간적 존재에 지나지 않았다. 멀리 어둠 속에서 그들은 필연적으로 우리를 매혹시킨다. 하지만 그들이 남긴 흔적은 그 모호한 매력을 키우지 못한다. 우리가 그들에 대해 아는 것, 우리 내면에 와닿는 것은 우리 감수성을 직접 건드리지 않는다. 매장 풍습으로부터 그들이 죽음을 인식했다는 결론을 끌어내더라도 그러한 결론은 우리의 사유를 직접적으로 건드릴 뿐이다. 하지만 후기 구석기 시대의 인간, 즉 호모 사피엔스는 그들이 직접 남겨 놓은 기호들로 우리의 마음을 흔든다. 단순히 뛰어난 아름다움(사실 경이로울 정도로 아름다

---

4   '사피엔스'라는 형용사는 정확히 인식 능력을 지녔음을 의미한다. 물론 도구는 분명 그것을 제작하는 이에게 있어 목적에 대한 인식을 전세한다. 도구의 목적에 대한 인식은 모든 인식의 바탕이다. 그에 반해 토대 자체가 감수성을 건드리며 그렇기 때문에 순수한 논증적 인식과 분명하게 구별되는 죽음에 대한 인식은 인간 인식의 발달 과정에서 중요한 전기를 이룬다. 도구에 대한 인식보다 한참 뒤에 나타나는 죽음에 대한 인식은 선사 시대 연구가 호모 사피엔스라는 이름으로 지칭하는 인간의 출현보다는 앞선다.

운 그림들이다.) 때문만은 아니다. 그 기호들이 우리 마음을 흔드는 까닭은 에로티즘에 대해 많은 것을 증언하기 때문이다.

우리가 에로티즘이라 부르는, 인간을 동물과 다르게 하는, 그러한 격정적 정서의 탄생은 선사학 연구가 우리에게 가져다준 가장 핵심적인 측면이다.

3 죽음에 대한 인식과 연결된 에로티즘

원숭이를 완전히 벗어나지 못했던 네안데르탈인으로부터 우리 동류로의 이행은 분명 결정적이었다. 즉, 골격이 우리와 다르지 않고, 동굴 벽에 그려지거나 새겨진 모습대로 몸의 털이 사라진, 완성된 인간에 이른 것이다. 앞서 보았듯이, 여전히 털이 수북했을 네안데르탈인들도 이미 죽음을 인식했다. 바로 그러한 인식으로부터 인간의 성적인 삶을 동물의 그것과 다르게 하는 에로티즘이 나타났다. 이 문제는 아직 제기된 적이 없다. 대부분의 동물과 달리 발정기가 정해져 있지 않은 인간의 성 체계는 원칙적으로 원숭이의 그것에서 파생되었을 테지만, 원숭이는 죽음에 대한 인식이 없다는 점에서 인간과 본질적으로 다르다. 원숭이는 곁에 있는 동족이 죽든 말든 상관하지 않지만 네안데르탈인들은, 물론 아직 완성되지 못한 인류였지만, 동족의 주검을 매장했다. 더구나 그 일에 존경과 두려움을 동시에 드러내는 주술적 정성을 쏟았다. 일반적으로 인간의 성 활동은 원숭이의 그것과 마찬가지로 강렬한 흥분이며, 어느 주기(週期)에 있는지도 중요하지 않다. 그런데 인간의 성 활동에는 동물들은 알지 못하는, 특히 원숭이들한테서도 볼 수 없는 조심성이 있다. 우리가 성 활동에 대해 느끼는 거북함은 최소한 어떤 의미에서는 죽음에 대한, 죽은 자들에 대한 거북함을 상기시킨다. 두 경우 모두에서 '폭력'이 **낯설게** 범람한다. 성과 죽음 모두에서 일어나는 것은 우리가 받아들인 사물의 질서에 비추어 **낯선** 사건이며, 폭력은 바로 그 사물의 질서에 맞선다. 성의 경우처럼 노골적이지는 않지만, 죽음 속에는 우리를 거북하게 하는 모종의 무례함이 담겨 있다. 죽음은 눈물과 연결되고, 때때로 성적 욕망은 웃음과 연결된다. 하지만 웃음은 보이는 것만큼 눈물과 다르지는 않다. 웃음의 대상과 눈물의 대상은 언제나 사물들의 규칙적인 리듬, 일상적인 흐름을 끊어뜨리는 폭력과 관계된다. 보통 눈물은 우리를 비통하게 하는 예기치 못한 사건들과 연결된다. 때로는 기대하지 못한 다행스러운 결과가 너무 큰 감동을 일으켜서 눈물이 흐를 수도 있다. 성적 무질서는 우리에게서 눈물을 끌어내지는 못하지만 우리를 흐트러뜨리고, 때로는 우리의 마음을 뒤엎어 버린다. 둘 중 하나다. 우리를 웃게 하거나 성교(性交)의 폭력에 빠뜨리거나…….

죽음 혹은 죽음의 의식과 에로티즘의 일치를 명료하고 분명하게 파악하기는 어렵다. 원칙적으로, 달아오른 욕망은 생명과 대립적일 수 없다. 생명은 바로 그러한 욕망의 결과다. 에로티즘의 순간은 심지어 그 생명의 정점이다. 그 가장 큰 힘, 가장 높은 강도는 두 존재가 서로를 끌어당기는 순간, 하나로 결합되는 순간, 그렇게 영속적으로 이어지는 순간에 드러난다. 그것이 생명이며, 생명을 복제하는 생식이다. 그런데 그러한 생식 과정에서 생명이 범람한다. 범람하고 넘치면서 극한의 착란에 이른다. 한데 얽힌, 비틀리고 황홀함에 취해서 넘치는 관능의 심연으로 빠져드는 몸들은 훗날 자신을 부패의 침묵에 바치게 할 죽음의 반대쪽으로 나아간다.

사실 누가 봐도 에로티즘은 생명의 탄생에, 죽음이 휩쓸어 간 자리를 끝없이 메어 주는 생식에 연결된다.

동물들은, 종종 성욕의 절정에 휩싸이기도 하는 원숭이들까지도 에로티즘을 알지 못한다. 동물들이 에로티즘을 모르는 까닭은 죽음을 인식하지 못하기 때문이다. 반대로 우리가 에로티즘의 격정적인 폭력, 필사적인 폭력을 아는 이유는 인간이기 때문이며, 죽음을 향하는 어두운 전망 속에서 살기 때문이다.

물론 우리는 이성이라는 유용한 경계 안에서 이야기함으로써 성적 무질서가 가지는 실용적 의미와 필요성을 파악할 수 있다. 그런데 그러한 성적 무질서의 마지막 국면에 '작은 죽음'이라는 이름을 부여하는 이들로

서는, 그 속에서 죽음의 의미를 보았다고 이상할 게 없지 않은가!

4 라스코 동굴 '우물' 깊숙한 곳의 죽음

죽음과 에로티즘에 대해 간파할 수 있을 모호한——즉 각적인——반응들 속에 어떤 결정적인 가치, 근본적인 가치가 들어 있지 않을까?

이 책의 첫머리에서 우리에게 전해진 인류의 가장 오래된 그림들이 가지는 '악마적' 양상에 대해 이미 이야기했다.

내가 말하는 '악마적' 요소, 즉 성과 연결된 저주가 그 그림들 속에 정말로 나타날까?

나는 가장 무거운 문제를 끌어들여, 가장 오래된 선사 시대의 자료들 속에서 성경이 다룬 주제를 보려고 한다. 라스코 동굴 가장 깊숙한 곳에서 내가 되찾은 것은 성경의 전설적 주제인 원죄다! 죄에 연결된, 성적 흥분과 에로티즘에 연결된 죽음이다!

아무튼 라스코 동굴은 다가가기 극도로 어려운 일종의 '우물'(사실은 자연적으로 생긴 굴곡이다.) 안에 충격적인 수수께끼를 펼쳐 놓는다.

라스코의 인간들은 수수께끼를 가장 깊숙한 곳에 훌륭한 그림의 형태로 묻어 두었다. 물론 그들에게는 수수께끼가 아니었을 것이다. 그들에게는 동굴 벽에 그려진 인간과 들소의 의미가 분명했다. 하지만 오늘날의 우리는 동굴 벽에 남겨진 모호한 형상들 앞에서 절망하게 된다. 머리 부분이 새인 남자 하나가 발기 상태로 나자빠진다. 남자는 상처 입은 들소 앞에서 쓰러진다. 들소는 죽어 가고 있고, 쓰러진 남자 앞에 선 들소의 몸통에서는 끔찍하게도 내장이 삐져나온다.

이 비장한 장면의 모호하고 기이한 특성은 그 시대가 남긴 그 어떤 것과도 비슷하지 않다. 나자빠진 남자 밑에, 남자를 그린 선과 동일한 선으로 그려진 긴 막대기, 그 끝의 새 한 마리에 이르면 우리의 생각은 완전히 길을 잃고 만다.

더 멀리 왼쪽으로 코뿔소 한 마리가 멀어지고 있고, 그 코뿔소는 죽음을 앞둔 들소와 새 인간이 하나로 이어진 장면과 명확히 연결되지는 않는다.

브뢰유 신부[5]의 말대로 코뿔소가 들소의 배에 구멍을 냈고, 그런 다음 죽어 가는 들소와 남자를 두고 사라지는 상황일 수도 있다. 하지만 그림의 구성을 보면 남자가 손에 든 창으로 코뿔소에게 상처를 냈음이 명백하다. 남자와 코뿔소의 주된 장면 역시 영원히 분명하게 해명될 수 없겠지만, 아무튼 코뿔소는 주된 장면과 별개로 존재한다.

이 외지고 깊숙한 곳에, 다시 말해 접근할 수 없는 장소에 수만 년 전부터 깊이 묻혀 있던 이 그림이 환기하는 충격적인 장면을 어떻게 보아야 할까?

---

5 〔옮긴이〕 Henri Breuil(1877~1961): 프랑스의 사제이자 선사 시대 연구자.

접근할 수 없는 곳? 오늘날에 이르러, 정확히는 지금으로부터 이십 년 전, 네 사람이 그곳에 접근했다.[6] 그리고 내가 「창세기」 전설에 연결시키고 동시에 대립시키는 장면을 목격했다. 라스코 동굴은 1940년(정확히는 9월 12일)에 발견되었다. 이후 극소수 사람들만이 '우물'이라 불리는 좁은 통로까지 내려가 보았고, 하지만 사진을 통해 더 많은 사람들이 그 그림을 접할 수 있었다. 한 번 더 얘기하자면, 머리가 새인 한 남자가 아마도 이미 죽은 상태로 들소 앞에 나자빠져 있고, 그 들소는 격한 분노에 휩싸인 채 죽어 가고 있다.

육 년 전에 라스코 동굴에 관해 쓴 책[7]에서 나는 이 놀라운 장면에 대한 개인적인 견해를 밝히지는 않았

---

6 〔옮긴이〕 1940년 도르도뉴(Dordogne) 지방의 몽티냑(Montignac)에 사는 열일곱 살의 마르셀 라비다(Marcel Ravidat)가 친구들과 함께 개를 데리고 숲속을 걷던 중 동굴 입구를 우연히 발견한다. 나흘 후 마르셀 라비다는 다른 세 명과 함께 '통로' 안으로 들어갔고, 그렇게 동굴 벽화들이 세상으로 나오게 된다.

7 G. Bataille, 『라스코 혹은 예술의 탄생(Lascaux ou la naissance de l'art)』, Genève, Skira, 1955, p.139, O,C., t.IX, p.7~102.

다. 어느 독일 인류학자[8]의 말을 인용하는 데에 그쳤다. 그는 이 장면을 야쿠트족[9]의 희생 제의와 비교 설명하면서 쓰러진 남자가, 즉 새의 가면을 쓴 샤먼이 황홀경에 빠진 상태라고 해석했다. 사실 구석기 시대의 샤먼(주술사)은 오늘날 시베리아의 샤먼과 크게 다르지 않았을 것이다. 하지만 내가 보기에 그러한 해석이 갖는 장점은 단 한 가지뿐이다. 이를테면 "장면의 기이함"[10]을 강조한다. 이후 이 년간 망설인 끝에 나는 분명한 가설을 세울 수는 없더라도 한 가지 원칙을 제시할 수 있다는 생각에 이르렀다. 그래서 나는 또 다른 책에서[11] "동굴 벽화를 그린 인간들의 삶과 어느 정도 유사한 삶을

---

8   H. Kirchner, 『샤머니즘의 선사 시대에 관한 시론(Ein Beitrag zur Urgeschichte der Schamanismus)』, Antropos, t. 47, 1952.

9   〔옮긴이〕 시베리아 동북부의 야쿠트 공화국에 거주하는 투르크계 민족. 러시아 정교와 함께 샤머니즘 전통이 강하다.

10   그와 같은 해석은 또한 후기 구석기 시대의 인간들이 결국 오늘날의 일부 시베리아인들과 크게 다르지 않음을 강조한다. 하지만 비교의 정확성은 상당히 취약하다.

11   G. Bataille, 『에로티즘(L'Érotisme)』, Éd. de Minuit, 1957, p.83 (O.C., tome X, p.77)

사는 민족들에게 동물 살해 후에 이어지는 속죄 의식은 통례였다."라는 사실에 근거하여 이렇게 주장했다.

이 유명한[12] 그림(그동안 이 그림에 대해 상반되는, 수많은, 취약한 설명들이 주어졌다.)의 주제는 아마 **살해와 속죄** 의례다.

샤먼은 죽어 가면서 들소를 죽인 살해에 대해 속죄하고 있었다. 사냥으로 죽인 동물들에 대한 속죄는 여러 사냥 부족들에게 통례였다.

사 년이 더 지나고 지금 보니 지나치게 조심스럽게 말했다. 실제로 자세한 설명 없이 주어진 이 말은 큰 의미를 갖지 못했다. 1957년에 나는 이렇게 덧붙였을 뿐이다.

---

12   적어도 그 그림을 찍어 내느라 많은 잉크가 소모되었다는 점에서 유명하다.

이런 식으로 볼 경우, 적어도 주술적(실용적) 설명—분명 빈약한 설명이다.—대신 지고적 유희의 성격에 좀 더 부합하는 종교적 해석을 제시할 수 있게 된다.

이제 좀 더 나아가야 한다. 이 책 전체가 라스코의 수수께끼를 다루지는 않더라도, 적어도 나의 출발점이 될 수 있으리라. 또한 그 수수께끼와 관련하여, 인간에게 있어서 무시하거나 빼 버리려 애써도 소용없는, **에로티즘**이라는 이름으로 지칭되는 측면이 가지는 의미를 보여 줄 것이다.

II 노동과 유희

1 에로티즘, 노동, '작은 죽음'

우선 멀리서부터 다시 접근해야 한다. 원칙적으로는 에로티즘이 행해지는 세계에 대해서는 길게 말할 필요 없이 에로티즘 그 자체에 대해 상세하게 말할 수 있을 테지만, 나는 에로티즘을 그 탄생과 무관하게, 최초의 조건들과 분리하여 다루는 것은 무의미하다고 생각한다. 문제의 본질은 동물적인 성에서 시작된 에로티즘의 **탄생** 속에 들어 있다. 처음 생겨나던 때에 어땠는지에 대해 말할 수 없다면 에로티즘을 이해하기 위한 노력은 무용하다.

이 책에서 나는 인간이 바로 그 산물인 세계, 정확히 말해 인간이 에로티즘 탓에 멀어지는 세계에 대해 언급하지 않을 수 없다. 에로티즘을 모른 채로 역사, 특히 기원의 역사를 살펴보려 한다면 명백한 오류를 피할 수 없다. 그런데 인간 일반을 이해하기 위해 무엇보다 에로티즘을 이해하려는 나에게 부여된 일차적 의무는 바로 노동을 제일 앞자리에 놓는 것이다. 실제 역사의 처음부터 끝까지 언제나 노동이 제일 앞자리에 있었다. 노동은 분명 인간 존재의 밑바탕이다.

역사의 시작부터 끝까지, 기원(즉, 선사 시대)부터 그랬다. 사실 선사 시대 연구가 역사학과 다른 점은 한 가지, 기반이 되는 자료들이 빈약하다는 사실뿐이다. 그 근본적인 사실에 관해 한 가지 말해 두겠다. 선사 시대 연구에 주어진 가장 오래되고 가장 풍성한 자료들은 노동과 관련된다. 우리는 유골, 즉 인간들의 뼈나 그들이 사냥하던—원칙적으로 그들이 먹던—동물의 뼈도 찾아냈지만, 우리의 가장 먼 과거에 대해 흐릿하나마 빛을 비춰 주는 자료들 중에는 돌로 만든 도구가 가장 많다.

　선사 시대 연구자들이 수많은 뗀석기들을 발견했고, 대부분은 발견된 장소에 따라 제작 연대를 추정했다. 뗀석기들은 주어진 목적에 부응하기 위해서 만들어졌다. 무기로 쓰인 것도 있고 연장으로 쓰인 것도 있다. 연장들은 다시 다른 연장을 만드는 데 사용되었고, 무기를 만드는 데도 쓰였다. 주먹도끼, 도끼, 투창, 화살촉…… 돌로 만든 것이 많지만, 죽은 동물의 뼈를 재료로 한 것들도 있다.

　인간은 노동을 통해 최초의 동물성에서 벗어났다. 노동을 통해 동물은 인간이 된 것이다. 노동은 무엇보다도 인식과 이성의 근간이었다. 연장이나 무기의 제작은 동물이었던 우리를 인간으로 바꾸어 준 이성적 사유의 출발점이다. 주어진 재료에 형태를 부여하면서 인간은 그것을 주어진 목적에 맞추었다. 돌을 깨뜨리고 뗴어 내면서 원하는 형태를 얻는 작업은 돌만 바꿔 놓은 게 아니다. 그 과정에서 인간도 바뀌었다. 오늘날의 우리와 같은 인간 존재, 이성적인 동물을 만든 것은 바로 노동이었다.

노동이 인간성의 기원이라면, 노동이 인간성의 열쇠라면, 노동을 하면서 인간은 동물성으로부터 완전히 멀어졌다. 특히 성적인 삶에 있어서 그렇다. 처음에 인간은 노동을 하면서 자신들의 행동을 스스로 부여해 놓은 유용성에 맞추었다. 그런데 인간의 발달은 노동 차원에 한정되지 않는다. 결국 인간은 삶 전반에 있어서 몸짓과 행동을 주어진 목적에 맞추게 되었다. 동물들의 성행위는 본능적이다. 수컷이 암컷을 찾고, 오로지 본능적인 흥분에 반응한다. 하지만 노동을 통해 이미 무언가를 추구하는 목적에 대한 의식을 지니게 된 인간은 순전히 본능적인 반응이 자신들에게 어떤 의미를 가지는지 분간하면서 그로부터 멀어졌다.

본능적 반응의 의미를 처음 의식한 인간들에게 성활동의 목적은 아이들의 탄생이 아니었다. 오히려 성활동에서 얻어지는 즉각적인 쾌락이 목적이었다. 차차 인간의 본능은 태어난 아이의 양육을 위한 남자와 여자의 결합 쪽으로 나아가게 된다. 동물성 안에서는 그러한 결합이 출산 이후에만 의미를 지녔다. 출산 자체는 최초에 의식적인 목적이 아니었다. 가장 처음에, 그러니까 성적 결합의 순간이 인간적 차원에서 의식적 의지에 부응하던 때, 그 목적은 분명 쾌락이었다. 강렬하고 격렬한 쾌락이었다. 의식 안에서 성행위는 관능적 흥분이라는 계산된 추구에 부응했다. 오늘날까지도 일부 원시 부족들은 관능적 결합과 아이의 탄생 사이의 필연적 관계를 알지 못한다. 인간에게 원래 연인 혹은 부부의 결합은 에로티즘의 욕망이라는 의미밖에 가지지 않았다. 에로티즘이 동물적인 성적 충동과 다른 것은 원칙적으로 노동과 마찬가지 방식으로 목적의식을 지닌 추구라는 데 있으며, 그 목적은 바로 관능이다. 에로티즘의 목적은 노동의 목적처럼 획득, 증대의 욕망이 아니다. 획득으로 볼 수 있는 것은 오직 아이뿐인데, 원시인들은 아이가 생겨나는, 실제적 이익을 가져오는 그 획득이 성적 결합의 결과라는 사실을 알지 못했다. 그리고 대부분 문명인들에게 아이의 탄생은 더 이상 원시인들에게서와 같은 이익(물질적인 이득)의 의미를 지니지 않는다.

사실 오늘날 목적으로서의 쾌락의 추구는 부정적으로 여겨진다. 오늘날 인간 활동의 바탕을 지탱하는 원칙들에 부합하지 않기 때문이다. 실제로 관능의 추구는 단죄의 대상까지는 아니더라도, 어느 정도는 언급하지 않는 편이 나은 것으로 치부된다. 그런데 불합리해 보이는 반응을 깊이 따져 보면 사실상 논리적이다. 여전히 작동 중인 원초적 반응에서 관능은 에로틱한 유희에서 예견되는 결과다. 노동의 결과는 획득이고, 노동은 더 많이 소유하게 하는 것이다. 그런데 아이가 탄생할 수 있다는 가능성을 떠나 고려된 에로티즘의 결과는 손실이다. '작은 죽음'이라는 역설적으로 타당한 표현은 그러한 손실에 부응한다. '작은 죽음'은 진짜 죽음, 죽음의 차가운 공포와 무관하지만…… 에로티즘 속에서 과연 그러한 역설이 달라질까?

실제로 죽음에 대한 의식을 통해 동물과 구별되는 인간은 또한 에로티즘을 통해 신체 기관의 맹목적 본능

이, 의도적인 유희와 계산, 쾌락의 계산으로 대체된다
는 점에서 동물과 멀어진다.

2 이중의 신비를 품은 동굴

네안데르탈인이 남긴 무덤은 근본적 의미를 갖는다. 그
것은 죽음에 대한 의식, 죽음 속으로 사라질 수 있고 사
라질 수밖에 없다는 사실에 대한 비극적 인식의 증거
다. 하지만 본능적인 성 활동을 벗어나 에로티즘을 향
해 가려면 우리와 동류인 후기 구석기 시대 인간이 등
장해야 한다. 처음으로 그들은 육체적으로 우리보다 열
등하지 않았고, 어쩌면 정신적으로도 우리와 유사한 능
력을 지녔다고 볼 수 있다.[13] 심지어 그 오래전의 인간
들이, 우리가 '야만인' 혹은 '원시인'이라 부르는 이들처

---

13   원론적으로 말하자면, 후기 구석기 시대의 어린아이를 오늘날의
학교에서 가르치며 키운다면 우리와 동일한 수준에 이를 수 있다.

럼 열등했다는(사실 이 열등성은 피상적일 뿐이다.) 증거는 어디에도 없다. (그들이 남긴, 우리가 아는 최초의 그림들은 오늘날 미술관에 걸려 있는 걸작들과 견주어 봐도 손색이 없지 않은가?)

네안데르탈인은 오늘날의 우리와 달랐고, 명백하게 열등했다. 아마도 (그 선조들이 그랬던 것처럼) 우리와 마찬가지로 직립한 것은 맞다. 하지만 여전히 다리가 조금 구부정했고 '인간답게' 걷지 못했다. 발바닥 전체가 아니라 양쪽 끝으로 땅을 디뎠다. 이마가 좁고 턱뼈가 돌출되었으며 목은 우리보다 짧고 굵었다. 원숭이들이, 그리고 전체적으로 포유류들이 그렇듯이 온몸에 털이 나 있는 모습을 떠올려도 좋다.

네안데르탈인이 어떻게 사라졌는지 원칙적으로 우리는 아무것도 알지 못한다. 우리가 아는 바는 그들이 살던 지역을 곧바로 우리 동류인 현생 인류가 차지했다는 사실뿐이다. 그 후 현생 인류는 베제르[14] 계곡과 또 다른 지역들(프랑스 남서부와 스페인 북부)로 퍼져 나가면서 놀라운 재능의 흔적을 수없이 남겨 놓았다.

예술의 탄생은 인간 존재의 육체적 조건이 완성되는 과정을 따라간 것이다.

　　노동이 결정적이었다. 노동의 효력이 인간의 지적 능력을 결정지었다. 그 정점에서 이루어진 인간의 도래, 인간 본성의 완성은 이성의 빛을 주었고, 우리 인간은 결국 그로부터 도취를, 유용한 노동의 결과만이 아닌 충족을 얻게 된다. 어렴풋이나마 예술 작품이 나타난 것은 이미 인류가 노동을 시작한 지 수십만 년이 지난 뒤였다. 따라서 예술 작품이 완성되었을 때, 다시 말해 노동이 부분적으로 유용성의 염려에 응답하지 않는 다른 무엇인가가 되었음을 보여 주는 진정한 걸작들이 태어났을 때, 그 순간만큼은 노동이 아니라 **유희**가 결정적이었다. 물론 인간은 본질적으로 노동하는 동물이다. 하지만 인간은 노동을 유희로 바꿀 줄도 안다. 예술

----

14 〔옮긴이〕프랑스 남서부 도르도뉴 지방을 흐르는 강으로, 계곡에 라스코 동굴을 비롯한 구석기 유적지가 많다.

(예술의 탄생)과 관련하여 나는 그 점을 강조한다. 인간적인, 진정으로 인간적인 유희는 처음엔 노동이었다. 노동이 유희가 된 것이다.[15] 다가가기 힘든 깊숙한 동굴의 벽을 장식하는 그 경이로운 그림들의 궁극적 의미는 무엇일까? 동굴들은 흐릿한 횃불이 밝혀 주던 성소(聖所)였고, 그곳의 그림들은 짐승들과 새들을 죽이는 주술의 역할을 했으리라. 그림 속 동물들의 아름다움, 그 매혹적인 아름다움은 오랜 세월 잊혀 있었음에도 여전히 최초의 의미를 간직하고 있다. 그 의미는 바로 유혹과 격정 그리고 황홀한 **유희**다. 목표를 이루려는 욕망으로 숨죽이고 있는 유희.

이 동굴─성소는 본질적으로 유희의 영역이다. 동굴 속에서 가장 중요한 자리는 그곳에 그려진 그림들이 가지는 주술적인 힘 때문에, 또한 아마도 그 형상들의 아름다움 때문에(아름답게 그려질수록 효과적이었다.)

---

15 노동이 원래 가졌던 결정적 특성을 좀 더 분명하게 규명하려면 이 책만으로는 부족하다.

사냥에 주어진다. 하지만 동굴의 분위기 속에서는 아마도 유희의 유혹, 그 깊은 유혹이 더 우세했을 테고, 그런 의미에서 사냥감 동물의 형상과 에로틱한 인간 형상의 결합을 해석해 볼 수 있다. 물론 의식적인 결합은 아니었을 것이다. 우연으로 보는 편이 합당할지 모른다. 어쨌든 어두운 동굴들이 깊은 의미에서의 유희에 바쳐졌음은 사실이다. 그 유희는 노동과 대립하며, 무엇보다 유혹에 대한 복종, **격정**에의 응답이라는 심오한 의미를 갖는다. 동굴 속 인간 형상들이 채색되거나 선으로 그려지기도 한 자리의 격정은, 원칙적으로, 에로티즘이다. 라스코 '우물' 벽에 죽어 있는 남자 외에도, 동굴 속에 그려진 남자들은 대부분 성기가 발기된 상태다. 여자들의 모습 역시 분명하게 욕망을 드러낸다. 마침내 로셀[16]의 바위 아래 새겨진 하나 된 두 사람의 그림은 노골적인 성적 결합을 환기한다. 그러한 원

---

16 〔옮긴이〕 도르도뉴 지방의 구석기 시대 유적지로, 뿔나발을 든 여자(로셀의 비너스)와 손을 잡고 마주한 남녀의 형상이 새겨져 있다.

시 시대의 자유는 낙원을 떠올리게 한다. 초보적인, 하지만 단순성 속에서 활력을 지녔던 그 시대의 문명들은 아직 전쟁을 몰랐다. 에스키모인들 역시 백인들이 나타나기 전까지 전쟁을 알지 못했지만, 오늘날 그들의 문명은 그런 핵심적 미덕들을 잃어버렸다. 인류의 여명기가 누렸던 지고의 미덕이 사라진 것이다. 선사 시대에 도르도뉴 지역의 기후는 지금 에스키모인들이 사는 북극 지방의 기후와 유사했다. 그리고 축제를 즐기는 에스키모인들의 기질 역시 우리의 먼 조상이었던 이들과 다르지 않았다. 백인 목사들이 에스키모인들의 성적 자유에 대해 반발할 때면 그들은 자신들이 이제껏 노래하는 새들처럼 자유롭고 즐겁게 살아왔다고 대답했다. 추위는 우리가 지금의 안락한 환경에서 생각하는 것만큼 에로티즘의 유희에 방해가 되지 않았다. 에스키모인들이 그 증거다. 극지방 기후와 유사한 티베트 고원 지역에 사는 이들 역시 에로티즘의 유희에 심취했다.

동굴 속에 순진한 흔적들을 남겨 둔 최초의 에로 티즘은 낙원의 양상을 지닌다. 그런데 그러한 양상이 전적으로 명료하지는 않다. 이미 유아기적 순진함과 공존하는 정반대의 무거움이 나타난다.

그 무거움은 비극적이다…… 분명 그렇다.

그와 동시에, 처음부터, 희극적이다.

에로티즘과 죽음이 이어져 있기 때문이다.

그와 동시에 웃음과 죽음이, 웃음과 에로티즘이 이어져 있기 때문이다.

우리는 이미 라스코 동굴 가장 깊숙한 곳에서 죽음과 이어진 에로티즘을 보았다.

그것은 실로 낯선 계시, 근본적인 계시다. 그토록 무거운 신비를 우선 침묵—이해하지 못한 채로 침묵—으로 맞이할 수밖에 없음이 놀랍지 않다.

성기가 발기된 채 죽은 남자의 새 형상의 머리 때문에 그림은 더욱 기이해진다. 의혹 속에서도 희미하게 우스워 보일 정도로 유치한 형상이다.

발기 상태로 죽은 남자 옆에서는, 그가 숨을 거두

기 전에 공격했을 들소가 죽어 가고, 미노타우로스 같
은 괴물의 몸에서는 내장이 삐져나오고 있다.

이만큼 희극적인 공포로 가득한 그림은 세상에 다
시없으리라. 게다가 그 공포는, 원칙적으로, 이해 불가
능하다.

인류의 여명기가 우스꽝스러운 잔혹성을 지닌 절
망적 수수께끼를 남겼다. 우리는 그 수수께끼를 풀 수
없다. 하지만 풀 방법이 없다 해도 그 수수께끼를 외면
할 수 없다. 그것은 아무리 이해 불가능하더라도 깊숙
이 와 보라고 권한다.

인간적 차원에서 제기된 최초의 수수께끼라 할 수
있는 그것이 우리에게 요구한다. 에로티즘과 죽음이
우리 안에 열어 놓은 심연의 밑바닥으로 내려가라고.

땅 밑 통로 속에서 동물 그림들이 우연히 발견되
어도 그것들이 어디서 왔는지는 어느 누구도 짐작하지
못했다. 선사 시대의 동굴들과 그 속에 그려진 그림들
은, 말하자면 몇만 년 동안 존재하지 않았다. 영원하리
만큼 긴 시간 동안 절대적인 침묵이 이어졌다. 지난 세

기말까지도 우연히 발견되는 그림들이 그 정도로 오래되었으리라고는 아무도 생각하지 못했다. 금세기 초반에 이르러서야 비로소 권위 있는 한 위대한 학자—브뢰유 신부—에 의해 그것들이 우리와 동류인 최초의 인류가 남겼지만 아주 오랜 시간 동안 우리가 다가갈 수 없었던 작품임을 깨닫게 되었다.

오늘날에는 의혹들이 사라지고 모든 것이 밝혀졌다. 동굴들이 무한한 밤으로부터 서서히 벗어나기 시작했고, 이제는 방문객들이 쉼 없이 밀려든다. 가장 아름답고 가장 풍요로운 동굴인 라스코는 특히 더…….

그럼에도 불구하고 라스코 동굴은 부분적으로 여전히 신비를 간직하고 있다.

그곳에서 가장 깊숙하고 가장 접근하기 어려운 곳이 있다. (오늘날에는 수직으로 세워 놓은 사다리로 극소수 사람들만 직접 내려가 볼 수 있다. 일반 방문객들은 사진으로 접할 수밖에 없다.) 접근하기 너무 어려워서 오늘날 우리가 '우물'이라 부르는 그곳에 들어서면, 우리는 가장 충격적인, 가장 기이한 암시를 담은 장면과 마주하게 된다.

꼼짝 않고 버티고 선, 육중하고 위협적인 동물 앞에 아마도 이미 숨을 거둔 남자가 나자빠져 있다. 동물은 들소다. 들소 역시 숨이 끊어지는 중이라서 그 위협적인 분위기가 더욱 무겁다. 들소는 상처 입었고, 배의 벌어진 상처에서 내장이 삐져나온다. 분명 쓰러져 있는 남자가 손에 든 창으로 찔렀을 것이다. 더구나 남자는 완전한 인간이 아니다. 머리는 새이고, 부리도 있다. 이렇게 전체적으로 살펴본 다음에도 죽어 가는 남자의 성기가 발기되어 있다는 역설적 사실은 잘 설명되지 않는다.

그래서 이 장면은 에로티즘의 성격을 띤다. 명백한 성격으로 확실하게 강조되어 있다. 하지만 설명할 수 없다.

다가가기 힘든 동굴 바닥에서 1만 년이 넘도록 잊혔던 드라마는, 모습을 드러낸 뒤에도 여전히 모호하다. 모습을 드러냈지만 여전히 베일에 가려져 있다.

모습을 드러내는 순간에 베일로 가려지다니…….

그런데 그 깊은 폐쇄된 공간 속에, 다가가기 힘든 어두움 속이라서 더욱 무거운 조응이 드러난다. 핵심적이고 역설적인, 바로 죽음과 에로티즘의 조응이다.

이러한 진실은 계속해서 스스로를 드러내 보였으리라. 하지만 드러나면서 또한 계속해서 숨는다. 그것이 죽음의 속성이고 에로티즘의 속성이다. 죽음과 에로티즘은 자꾸 숨는다. 드러나는 그 순간에 바로 스스로를 감춘다.

우리가 생각할 수 있는 가장 모호한 모순, 사고를 흐트러뜨리기에 더없이 적합한 모순이다.

게다가 그러한 무질서를 위해 동굴 가장 깊숙이 외진 곳, 아무도 머문 적 없는, 진짜 인간이라 할 수 있는 이들이 살아가기 시작한 초기[17]에는 버려져 있었을 그 깊숙한 곳만큼 적합한 장소를 찾을 수는 없었으리라. (우리 선조들이 동굴 속 깊숙한 '우물' 안을 오가던 때, 그곳

---

17 대략 1만 5000년 전이다.

까지 내려가기 위해서는 밧줄을 써야 했다.[18]

　'우물의 수수께끼'는 분명 우리를 가장 무겁게 짓누르는 수수께끼며, 동시에 인간에게 주어진 가장 비극적인 수수께끼다. 그 수수께끼가 첫눈에 충격적일 만큼 난해해 보이는 이유는 아주 먼 과거에서 왔다는 사실로 이해될 수 있다. 하지만 풀기 어려운 난해함은 어차피 수수께끼들이 원래 지닌 근본적인 미덕이기도 하다. 우리가 이러한 역설적 원칙을 받아들인다면, 수수께끼의 근본에 실로 기이하고 실로 완벽한 방식으로 응답하는 이 '우물의 수수께끼'는 가장 오래된, 먼 인류가 오늘날의 인류에게 던지는 수수께끼이고, 또한 그 자체만으로도 가장 난해한, 가장 무거운 의미를 지닌 수수께끼다.

　그 무거운 의미는 인간이 이 세상에 어떻게 왔는지, 인간이 최초에 어떻게 출현했는지에 대한 최초의 신비가 아닐까? 또한, 그와 동시에, 그 신비는 에로티즘과 죽음에 연결되지 않을까?

18　라스코 동굴 안에서 밧줄 일부가 발견되었다.

본질적인 수수께끼이면서 동시에 가장 폭력적인 형태로 주어진 수수께끼에 대해 결국 익히 아는——인간 존재의 구조 때문에 원칙적으로는 베일 아래 가려진다.——맥락과 무관하게 이야기하기는 무의미하다.

인간 정신이 스스로를 감추는 한, 그것은 베일 아래 가려져 있다.

다가갈 수 없는 깊은 곳, 내가 '가능성의 극한'이라 부르는 것 속에서 현기증이 일 정도로 까마득히 어지러이 모습을 드러내는 대립들 앞에서, 베일에 가려져 있다.

특히 이런 대립들이다.

원숭이는 존엄성이 없지만, 웃지 않는다…….

인간은 존엄성을 지니지만, '포복절도'의 발작적 웃음을 터뜨린다…….

죽음에 바탕을 둔 비극성과 공모하는 관능 그리고 웃음…….

직립 자세──그리고 웅크린 자세에 수반된 항문의 열림 사이의 내밀한 대립…….

라스코 동굴의 우물 벽화

빌렌도르프의 비너스

로셸의 비너스

삼 형제 동굴의 벽화

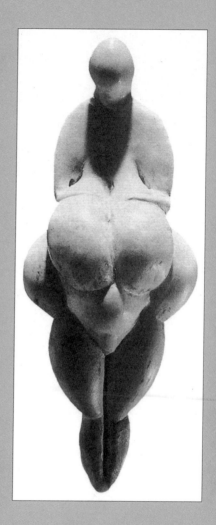

레스퓌그의 비너스

스페인 레반테 동굴 벽화

로셀의 남녀 조각

디오니소스를 모시는 마이나스와 사티로스

마이나스를 유혹하는 실레노스

탬버린 춤을 추며 포도주를 마시는 마이나스

디오니소스를 숭배하는 마이나스

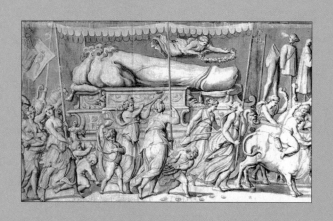

프란체스코 살비아티, 「프리아포스의 승리」

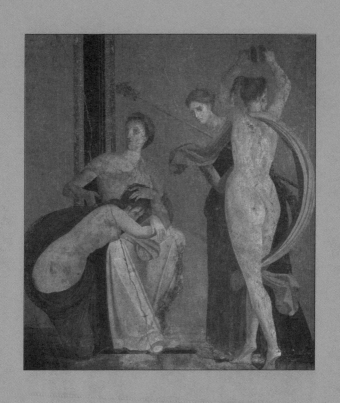

'빌라 데이 미스테리'의 「고행하는 여인과 춤추는 여인」

디에릭 보우츠, 「지옥」(1450)

알브레히트 뒤러, 「루크레티아의 자살」(1518)

알브레히트 뒤러, 「오르페우스의 죽음」

루카스 크라나흐, 「톱질」

루카스 크라나흐, 「유디트와 홀로페르네스의 머리」(1530)

한스 발둥 그린, 「사랑과 죽음」(1510)

한스 발둥 그린, 「아담과 이브」(1531)

코레조, 「쥬피터와 이오」(1533~1535)

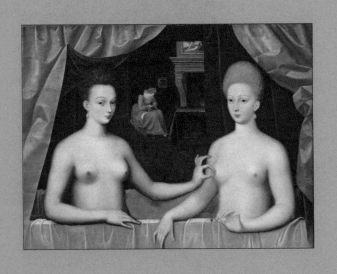

퐁텐블로파, 「가브리엘 데스트레와 그녀의 동생」

퐁텐블로파, 「붉은 백합의 여인」

앙투안 카롱, 「로마 삼두 정치의 학살」(1566)

바르톨로메우스 슈프랑거, 「헤라클레스와 테이아네이라」(1580~1585)

퐁텐블로파, 「에로스의 눈물 혹은 아도니스의 죽음을 애도하는 비너스」

코르넬리우스 판 하를렘, 「영아 학살」(1591)

아드리안 판 데르 베르프, 「롯과 그의 딸들」(1711)

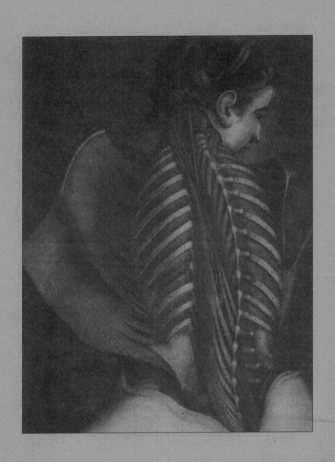

고티에 다고티, 「등 해부」(1773)

티치아노, 「우르비노의 비너스」(1534)

티치아노, 「바쿠스 축제」(1523~1526)

틴토레토, 「마르스와 비너스를 기습한 불카누스」(1551)

요하네스 페르메이르, 「연인들」(1656)

니콜라 푸생, 「연인과 엿보는 자」

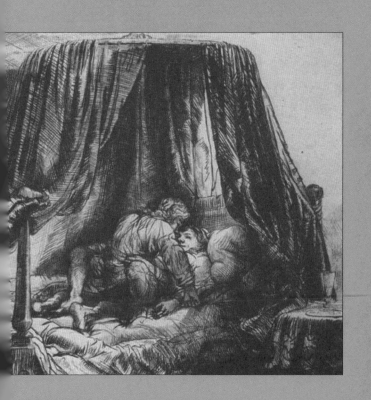

렘브란트 판 레인, 「프랑스식 침대」(1646)

페테르 파울 루벤스, 「레우키포스 딸들의 납치」(1618)

L'AMOUR À L'ÉPREUVE

프랑수아 부셰, 「사랑의 시험」

프란시스코 고야, 「참수」

외젠 들라크루아, 「사르다나팔루스의 죽음」(1827)

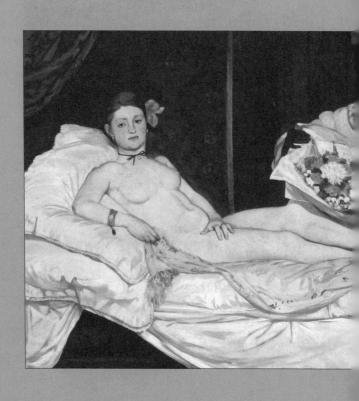

에두아르 마네, 「올랭피아」(1863)

폴 세잔, 「모던 올랭피아」(1874)

귀스타브 모로, 「출현」(1876)

에드가 드가, 「메종 텔리에」(1881)

부두교 의식

청나라 베이징에서 행해진 능지형

아즈텍 왕국의 인신 공양

IACOBUS, HARTOG VAN MONMOUT,
Seer Elendiglyk het Hooft afgeslagen.

얀 뤼켄, 「서툰 망나니」

메리 오브리, 「지나친 사랑」

2부

끝: 고대부터 오늘날까지

I 디오니소스 혹은 고대

1 전쟁의 탄생

우리가 '에로스'라는 이름과 연결 짓는 흥분들은 흔히 비극적 의미를 갖는다. 그러한 양상은 특히 '우물'에 그려진 장면에서 나타난다. 하지만 완성된 인류가 출현한 초창기와 전쟁이나 노예는 관련이 없다.

아마도 후기 구석기 말기에 이르기 전까지 인류는 전쟁을 알지 못했다. 인간이 서로 죽이는 싸움을 했다는 증거들은 후기 구석기 — 혹은 중석기[19]라는 이름으

---

19 구석기 시대와 신석기 시대 사이의 중간 시기를 말한다.

로 지칭되는 중간 단계—시대의 것이다. 스페인 레반테 지역에서 발견된 동굴들 중에 남자들이 활시위를 팽팽하게 당기면서 싸우는 장면을 담은 벽화가 남아 있다.[20] 약 1만 년 전의 것으로 추정된다. 아무튼 그 이후로 인간 사회가 끊임없이 전쟁을 해 왔다는 사실만 덧붙이자. 물론 구석기 시대에도 살해, 그러니까 개인적 살해는 있었을 것이다. 하지만 상대를 없애 버리기 위해 무기를 든 집단적 대립은 없었다. (오늘날의 에스키모인들을 보면, 구석기 시대의 인간들과 마찬가지로 전쟁을 알지 못했던 그들에게도 예외적이기는 하지만 개인적 살해가 일어났다. 그들이 사는 추운 기후는 프랑스 동굴 벽에 그림을 그리던 이들이 살던 지역의 기후와 비슷하다.)

전쟁은 시초부터 한 집단과 다른 집단의 대립에서 비롯되었지만, 처음부터 체계적 방식으로 행해지지는 않았다. 오늘날까지 찾아볼 수 있는 원시적 형태의 전쟁들을 통해 판단하자면, 시초에는 물질적 이득을 얻기

20　나는 이미 『에로티즘』(Minuit, 1957)에 이 그림을 실었다.

위한 전쟁도 아니었다.

　이긴 쪽은 진 쪽을 말살했다. 전쟁이 끝난 뒤 살아남은 자들, 포로들과 여자들을 모두 학살했다. 어린아이들만 성별에 관계없이 데려왔고, 일단 전쟁이 끝나면 그 아이들을 자신의 아이들과 똑같이 키웠다. 오늘날까지 남아 있는 원시인들의 관습으로 미루어 볼 때 전쟁을 통해 얻는 물질적 혜택은 이긴 쪽의 수가 많아지는 것뿐이었다.

2 노예와 매춘

전쟁에서 이긴 자들이 포로를 노예로 삼아서 이용할 생각을 하게 된 것은 한참 후의 일이다. (하지만 그러한 변화가 구체적으로 언제 일어났는지에 대해서는 알려진 바가 없다.) 노농력을 증대시킬 수 있고 집단 생존에 필요한 노력을 줄일 수 있는 가능성은 급속도로 퍼져 나간다. 신석기 시대의 목축과 농경은 그와 같이 증대된 노동력에 힘입

어 발전했고, 전사들 역시 노동력의 증대 덕분에 상대
적으로 휴식을 누릴 수 있었다. 우두머리들은 노동에서
전적으로 벗어났다.

전쟁과 노예가 출현하기 전 맹아 상태의 문명은
자유롭고 본질적으로 동등한 인간들의 활동에 근거했
다. 하지만 전쟁과 함께 노예가 생겨났다. 노예제는 사
회를 대립적인 계층들로 분화시켰다. 전사들은 우선 자
신의 생명을, 이어 동료들의 생명을 내걸기만 하면 전
쟁과 노예를 통해 막대한 부를 얻을 수 있었다. 에로티
즘의 탄생은 인류가 자유로운 인간과 노예로 나뉘는 과
정보다 앞선다. 하지만 부분적으로 에로틱한 쾌락은 사
회적 지위와 부의 소유에 달려 있었다.

원시적인 조건 속의 에로틱한 쾌락은 남자들의 강
한 육체와 지혜라는 매력에서, 여자들의 아름다움과 젊
음에서 나왔다. 여자들의 경우에는 젊음과 매력이 계속
결정적이었다. 하지만 전쟁과 노예를 통해 발전한 사회
에서는 특권의 중요성이 점차 커져 갔다.

사회적 특권으로 인해 매춘은 에로티즘의 정상적인 경로가 되었다. 에로티즘은 개인의 힘과 부에 종속되었고, 종국에는 허위에 바쳐졌다. 그러니 오해해서는 안 된다. 선사 시대부터 고대 그리스·로마 시대까지 전쟁과 노예의 등장 탓에 성적인 삶은 제 길을 벗어났으며, 결국 그 자유로움을 잃어버렸다. 결혼은 꼭 필요한 생식을 위한 자리를 확보해 주었다. 그것은 애초에 자유를 좋아해서 집으로부터 멀어지려 하는 남자들에게 더욱 무거운 부담이었다. 오늘날까지도 인류는 그 굴레를 벗어나지 못하고 있다……

3 노동의 지상권(至上權)

마침내 본질적인 사실이 드러난다. 즉, 구석기 시대의 궁핍한 생활을 벗어난 인간은 초기 인류가 알지 못하던 악(惡)을 알게 되었다. 아마도 전쟁은 새로운 시대의 초기에 시작되었다.[21] 이에 대해 분명히 알 방도가 없

기는 하지만, 아무튼 전쟁의 등장은 원칙적으로 물질적
문명의 퇴보를 기록했다. 동물을 그린 후기 구석기 시
대의 예술은 대략적으로 2만 년 정도 이어지다가 사라
졌다. 적어도 프랑스와 칸타브리아 지역에서는 사라졌
다.[22] 그 정도로 아름다운 그림은 그 어디에도 없었고,
이후에도 나타나지 않았다. 적어도 우리가 아는 한에서
는……

인간의 삶은 시초에 지녔던 단순성을 벗어나면서
전쟁이라는 저주받은 길을 선택했다. 전쟁은 파괴했고,
타락을 불러왔으며, 노예제와 매춘을 낳았다.[23]

19세기 초에 헤겔은 노예제에서 비롯된 전쟁의 영
향에 유익한 측면이 있었음을 보여 주려 했다.[24] 헤겔

---

21 구석기 시대 말, 그리고 구석기에서 신석기로 넘어가는 중석기 시
대의 일이다. 앞의 내용을 참조할 것.

22 대략적으로 프랑스 남서부 지역에서 스페인 북부 지역에 해당한
다. 앞의 내용을 참조할 것.

23 매춘이 처음부터 타락한 형태는 아니었을 수 있지만(종교적 매춘,
성스러운 매춘), 노예의 비참함에 의해 머지않아 저급한 매춘으로 전락
하고 만다.

24 『정신 현상학(Phänomenologie des Geistes)』(1806)에 나온다.

에 따르면 현재의 인간은 초기의 특권 계급인 전사들과 관련이 없다. 원칙적으로 오늘날의 인간은 노동자다. 부자들도 일하고, 일반적으로 말하자면 지배 계급도 일한다. 과하게 일하지 않을 뿐이다.

어쨌든 노동을 통해 세계를 변화시킨 것은 전사가 아니라 노예다. 그리고 노동이 변화시킨 것도 바로 노예다. 노동이 노예를 변화시켰기에, 노예만이 문명의 풍요를 창조할 수 있었다. 특히 지성과 과학은 주인의 명령에 따르기 위해서 노동을 해야만 했던 노예들의 노력이 빚어낸 결실이다. 따라서 노동이 인간을 낳았다. 노동하지 않는 자, 노동하는 것을 수치로 여기던 자, 구체제의 부유한 귀족 혹은 오늘날의 금리 생활자는 과거의 잔재일 뿐이다. 오늘날의 세계가 누리는 산업적 부는 신석기 시대 이후로 예속된 대중, 불행한 다수가 수천 년 동안 행한 노동의 결과다.

이제 세계는 노동이 좌우한다. 전쟁 역시 무엇보다 산업의 문제들, 오직 산업만이 좌우하는 문제들을 제기한다.

전쟁에서 힘을 얻던, 일하지 않으면서 지배하던 계급은 지금처럼 쇠락하기 이전에 이미 힘의 일부분을 잃었다. 무엇보다 일하지 않았기 때문이다. (노동이 요구하는 힘든 노력을 다른 사람들에게 전가하는 자는 누구든 저주를 피할 수 없다.) 어디서든 귀족 계급은 오래 버티지 못하고 저절로 쇠락의 길에 들어섰다. 14세기 튀니지의 한 아랍인 작가가 만든 법칙이 있다. 이븐 할둔[25]에 따르면, 전쟁의 승자들은 도시에서 살았기 때문에 전쟁이 필요로 하는 조건에 부합하는 거친 삶을 사는 유목민과의 싸움에서 결국 패하게 된다. 이 원칙은 좀 더 넓은 영역에 적용될 수 있다. 일반적 법칙으로 볼 때 부(富)는 가난한 자들에게 더 강력한 동기를 부여한다. 처음에는 부자들의 물질적 자원이 우월하다. 로마인들이 지배력을 유지한 까닭은 오랫동안 그들의 군사적 기술이 우월한 위치를 점했기 때문이다. 그런데 그러한 우월성

---

25 〔옮긴이〕 Ibn Khaldoun(1332~1406): 중세 이슬람 세계의 역사가, 사상가.

이 약화되는 날이 왔다. 주변 민족들이 전쟁을 더 잘하게 되고, 정작 로마 군사의 규모는 한계에 이르렀기 때문이다.

전쟁에서 힘을 발휘하는 군사적 우위는 처음에만 중요하다. 지속적인 우위로 안정화된 물질적 문명 안에서는 물질적 힘을 지닌 특권 계급이 가지지 못한 정신적 힘을 오히려 불우한 계급이 가지게 된다.

이제 우리는 에로티즘의 문제를 다루어야 한다. 이제 에로티즘은 분명 부수적인 중요성밖에 갖지 못하지만…… 오늘날 잃어버린 중요한 자리를 고대에는 차지하고 있었다.

4 종교적 에로티즘의 발전에서 하층 계급의 역할

고대 사회에서 에로티즘이 의미를 지녔다 해도, 인산 활농에 있어 역할을 지녔다 해도, 그 역할을 항상

귀족들 —— 말하자면 그 시기에 부의 특권을 지닌 이들[26] —— 이 수행하지는 않았다. 무엇보다 부를 가지지 못한 이들의 종교적 흥분이 어둠 속에서 결정적 역할을 했다.

물론 부는 영향력을 발휘했다. 안정화된 형태들의 경우 특히 그랬다. 결혼과 매춘을 통해 돈이 여자의 소유 여부를 결정하는 방향으로 나아갔다. 하지만 고대의 에로티즘을 짧게 개관하면서 나는 우선 종교적 에로티즘, 특히 디오니소스교를 다루려 한다. 돈은 디오니소스제에서 원칙적으로 의미가 없었고, 설사 있더라도 (육체 속의 질병과 마찬가지로) 부차적이었다. 디오니소스제에 참여하는 이들은 흔히 가진 것이 없는 계급이었고, 종종 노예들이었다. 때와 장소에 따라 제의에 참여하는 사회적 계급과 부의 정도도 달랐다. (전체적으로 그 제의에 대해 우리가 아는 바는 극히 빈약하고, 그나마도 정확하

---

26   적어도 그리스에서는 부가 지탱해 주지 않는 혈통은 법적으로 무의미했다.

지 않다.)

일치된 통일성을 찾아볼 수 없는 그 무질서한 활동들이 일반적으로 어떤 중요성을 띠었는지 단언하기 힘들다. 통합된 디오니소스교회가 있지도 않았고, 따라서 제의의 형태도 때와 장소에 따라 달랐다. 그나마 우리에게 알려진 것도 확실하지 않다.

어느 누구도 그 제의를 후세에 알리려 애쓰지 않았다. 설사 그런 이가 있었다 해도 우리가 원하는 만큼 정확하게 해낼 수는 없었다.

우리가 겨우 말할 수 있는 것은 로마 제국 초창기까지는 디오니소스교 종파들 안에서 향락적 귀족들이 그다지 중요한 역할을 수행하지 않았다는 사실이다.

바쿠스제가 그리스에서 처음 행해질 때는 오히려 향락적 에로티즘의 초극이라는 의미를 지녔다. 원래 디오니소스교 제례는 종교적 격정의 자리였고, 불길처럼 타오르는, 자신을 놓아 버리는 흥분이었다. 하지만 전체적으로 알려진 바가 너무 없고, 심지어 그리스 연극과 디오니스소세의 관계도 명확하지 않다. 사실 고대 그리스 비극의 기원이 이 격정적인 제의와 연결되어 있더라도 놀랍지 않다. 디오니소스제는 본질적으로 비극적이었다. 그와 동시에 에로틱했다. 착란 상태의 무질서 속에서 에로틱했고, 그렇게 에로틱했기에 비극적이었다. 디오니소스제는 비극적이었고, 에로티즘과 함께 비극적 공포 안으로 들어섰다.

5 에로틱한 웃음에서 금기까지

인간 정신은 에로티즘을 생각하는 순간 근본적인 어려움에 직면한다.

에로티즘은, 어떤 의미에서, 우습다…….

에로틱한 암시는 언제나 야유를 촉발하는 힘을 지닌다.

심지어 내가 에로스의 **눈물**에 대해 말하는 것도 웃음거리가 될 수 있음을 안다. 그렇더라도 에로스는 비극적이다. 무슨 말인가? 에로스는 무엇보다 비극적인 신이다.

알다시피, 고대인들의 에로스는 어린애 같은 면을 지녔다. 에로스 신은 어린아이의 모습이었다.

하지만 사랑은 웃음거리가 될수록 결국 더 큰 불안을 야기하지 않는가?

에로티즘의 바탕은 성 활동이다. 그런데 성 활동은 금기에 가로막힌다. 말도 안 된다! 성행위가 **금기**라니! 그렇지 않으려면 은밀하게 행하는 수밖에 없다.

하지만 은밀하게 행하더라도 이미 금기에 의해 변형된다. 금기는 스스로 금지시키는 대상에 불길한[27] 동시에 신성한 불길을 비춘다. 한마디로, 종교적인 빛을 비춘다.

금기는 자신이 금지하는 대상에 고유의 가치를 부여한다. 내가 금기의 대상을 멀리하려 할 때, 어쩌면 정반대로, 이미 나는 그 대상에 자극된 게 아닐까!

---

27   음란함의 빛은 범죄의 빛과 마찬가지로 음산하다.

금기는 자신이 금지하는 행동에 그 행동이 지니고 있지 않던 의미를 부여한다. 금기는 위반을 불러오며, 위반이 없다면 금지된 행동은 우리를 유혹하는 사악한 빛을 가질 수 없다. 금기의 위반이 우리를 매혹한다.

그러한 빛은 에로티즘에서만 나오는 게 아니다. 그 빛은 죽음이 희생자의 목구멍을 벌리는— 생명을 끝내는— 충만한 폭력의 순간마다 종교적 삶을 비춘다.

성스러운(sacré)!……

이 단어의 음절들에 이미 불안이 실려 있고, 그 불안의 무게는 **희생 제의**에 깃든 죽음의 무게다.

우리의 삶 전체가 죽음을 싣고 있으니…….

하지만 내 안에서, 최종적인 죽음은 기이한 승리를 의미한다. 최종적 죽음의 빛은 나를 휘감고, 내 안에서 무한히 즐거움의 웃음을 터뜨린다. 소멸의 웃음을!

....

....

내가 만일 이 몇 문장의 자리에서 죽음이 존재를 파괴하는 순간 속에 빠져 있지 않았다면, '작은 죽음'에 대해 말할 수 있겠는가! 정말로 죽지는 않으면서 승리감을 만끽하며 사그라지는 그 순간에 대해!

6 비극적 에로티즘

결국 에로티즘 안에는 우리가 처음 생각하는 것 이상이 들어 있다.

오늘날 그 누구도 에로티즘이 착란의 세계임을, 허공에 뜨는 가벼운 형태 너머로 지옥의 깊이를 지니고 있음을 알아보지 못한다.

나는 죽음과 에로티즘의 관계를 주장하는 발상에 서정적 형태를 부여했다. 하지만 분명히 말하는데, 에로티즘의 의미는 갑자기 뚝 떨어지는 절벽 속에 주어질 뿐이다. 에로티즘은 가장 감동적인 현실이고, 그렇지만 가장 추악한 현실이다. 정신 분석 이후에노 에로티즘의 모순적 양상은 헤아릴 수 없을 만큼 많이 드러났다. 그 깊이는 종교적이고, 공포스럽고, 비극적이다. 그리고 여전히 고백하기 힘들다. 아마도 신성한 것이기에 더욱 그러하리라…….

인간들을 전체적으로 한계 짓는 단순화된 현실과 비교해 볼 때, 에로티즘은 그 속에서 길 잃은 자가 두려움으로 전율할 수밖에 없는 끔찍한 미로다. 에로티즘의 진실에 다가가는 방법은 두려움의 전율[28]뿐이니…….

선사 시대의 인간들은 그러한 전율을 알았고, 자신들의 흥분을 라스코 동굴의 '우물' 깊숙한 곳에 놓인 그림과 연결 지었다.[29]

디오니소스교의 신봉자들 역시 그러한 전율을 알았고, 자신들의 흥분을 자식, 자식이 없으면 살아 있는 어린 염소를 이빨로 찢으며 삼키던 무녀들의 행동과 연

---

28 앞의 「에로티즘, 죽음, '악마'」를 볼 것.
29 앞의 「라스코 동굴 '우물' 깊숙한 곳에 그려진 죽음」을 볼 것.

결 지었다.[30]

7   위반과 축제의 신: 디오니소스

이제 에로티즘의 종교적 의미에 대해 말해 보겠다.

에로티즘의 **종교적 의미**를 보지 못하는 사람은 절대 에로티즘의 의미를 알 수 없다!

마찬가지로 종교와 에로티즘의 연결을 무시하는 사람은 종교의 전체적인 의미를 제대로 알 수 없다.

우선, 내가 보기에 종교의 원칙과 기원에 부응하는 종교의 모습을 제시해 보겠다.[31]

---

30   아마도 내 말이 잘 이해되지 않을 것이다. 하지만 독자들이 내 책에서 관련 부분들을 참조하기 바라며, 일단 넘어가도록 하겠다.

31   이렇게 종교의 의미를 기본적으로 밝힌 이후에야 디오니소스교 전반에 관한 설명이 의미를 갖는다. 종교가 일반적으로 결과에 따라 행위의 가치를 판단하는 도덕이라고 보는 견해는 진부하다. 종교에 있어서 행위들은 본질적으로 직접적인 가치, 성스러운 가치를 갖는다. 물론

죄를 저지르는 행위들, 정확히는 금지된 행위들을 그렇지 않은 행동들과 대립시키는 것은 종교의 본질이다.

원칙적으로 종교의 금기는 구체적으로 규정된 어떤 행위를 멀리하지만, 동시에 스스로 멀리하는 것에 모종의 가치를 부여한다. 심지어 금기를 침범하는, 금기를 위반하는 것이 가능한 혹은 해야 할 일로 규정되기도 한다. 무엇보다 금기는 거부하는 대상의 가치—원칙적으로 위험한 가치—를 필요로 한다. 거칠게 말하자면 「창세기」의 '금단의 열매'가 가지는 것과 같은 가치다.

성스러운 가치를 유용성의 의미로도 사용할 수 있다. (그것은 상당히 큰 효력을 지니고, 그 경우 성스러운 가치가 하나의 힘으로 간주된다.) 하지만 원칙적으로, 성스러운 가치는 직접적인 가치다. 그 가치는 우리가 유용성의 가치를 벗어나 궁극적인 가치로 옮겨 가는 변형의 순간에만 의미를 지닌다. 즉, 그 순간 이후의 모든 결과와 무관한 가치, 사실상 미학적 가치다. 칸트는 그러한 문제가 어떤 자리에 놓이는지 알았다. 그러나 그의 주장에는 (판단력에 대한 자신의 입장이 유용성에 맞서, 유용성에 대한 사전 동의를 전제하고 있음을 보지 못했다면) 빠져나갈 탈출구가 마련되어 있는 셈이다.

우리는 그러한 가치를 일상 속에서 배제되던 것들이 허용되는—심지어 요구되는—축제 속에서 볼 수 있다. 축제의 시간에 경이로움, 신성함을 부여하는 것은 바로 위반이다. 특히 디오니소스는 본질적으로 축제에 연결된 신이다. 디오니소스는 축제의 신이고, 종교적 위반의 신이다. 디오니소스는 흔히 포도나무와 취기의 신으로 등장한다. 디오니소스는 취한 신이고, 광기는 디오니소스의 신성한 본질을 이룬다. 하지만 애초에 광기 자체가 본질적으로 신성하다. 이성의 규칙을 거부하기에, 신성하다.

우리는 습관적으로 종교를 법칙과 연결 짓고, 이성과 연결 짓는다. 그러나 **전체적으로** 종교의 기반을 이루는 것은 법칙과 상관없다.

종교는 아마도 전복적이며, 심지어 그 기반이 그러하다. 종교는 우리로 하여금 법칙을 따르지 않도록 한다. 적어도, 종교가 요구하는 것은 넘침이고 희생이며 축제다. 그리고 그 정점은 황홀경이다.[32]

종교적 에로티즘의 충격적인 모습을 보여 주려다가 나는 극도로 복잡한 견해에 이르렀다. 에로티즘과 종교의 관계는, 오늘날 살아 있는 종교들이 그것을 부정 혹은 배제하려 하기에 더욱 부담스러운 문제다. 에로티즘이 그 기원에 있어서 본질적으로 종교적 삶과 연결되어 있음에도 불구하고 종교가 에로티즘을 단죄한다는 말은 이미 새롭지 않다. 오늘날 현대 문명 속에서 개인화된 에로티즘은, 바로 그 개인적 성격으로 인해, 더 이상 종교와 이어지지 않는다. 에로티즘의 무질서를 종교적 의미에 반대되는 것으로 보며 궁극적으로 단죄할 뿐이다.[33]

---

32 여기서는 사실들을 전체적으로 빠르게 제시할 수밖에 없다.

33 정확히는, 그 뒤로도 희미하게나마 기독교(적어도 기독교에 대립하는 악마 숭배)에 에로티즘적 요소를 부여한 예가 있다. 그러나 악마 숭배는 위스망스(J. K. Huysmans) 이후로, 19세기 말 그가 『지옥에서(Là-bas)』에서 보여 준 현재적 가치를 잃어버렸다. 내가 아는 한 그 후에 남은 것은 상업적으로 준비된 코미디에 지나지 않는다.

그러한 단죄는 종교의 역사에 기록되어 있다. 부정적으로 등장하기는 하지만, 어쨌든 등장한다. 나의 주장을 좀 더 발전시키는 일은 (불가피하게 철학적 성격을 띠게 되므로) 다른 책으로 넘길 수밖에 없고, 여기서는 부수적인 언급에 그치겠다. 사실 그것은 인간의 삶에서 결정적인 순간이다. 인간은 종교의 에로티즘을 버리면서 종교를 유용성의 도덕으로 환원시켰다. 에로티즘은 신성함을 잃고 불결한 것이 되었다.

일단 디오니소스제에 관한 전반적 고찰을 마무리하고, 실제 의례와 관련하여 알려진 것들을 간단히 설명해 보겠다. 상당히 오랫동안 지속된[34] 그 의례는 종교적 에로티즘에 가장 주목할 만한 형태를 부여했다.

---

34 적어도 1천 년이다. 어쩌면 기원전 6세기의 디오니소스교 역시 그보다 오래전부터 이어 온 제의를 계승했을 수 있다. 앞에서 언급한 악마 숭배 또한 전체적으로 볼 때 디오니소스제를 통해 존속했을 수도 있다.(「7 위반과 축제의 신」을 참조할 것.)

틀림없이 그 의례의 본질은 순전히 신화적 혹은 제의적 존재로부터 시작된 강박 관념의 존속이다. 디오니소스는 위반과 축제의 신이었다. 그와 동시에, 이미 말했듯이, 황홀경과 광기의 신이었다. 취기와 통음 난무와 에로티즘은 아득히 소용돌이치는 현기증으로 인해 윤곽이 사라져 버린 신의 모습이다. 사실 취기에 쫓은 그 얼굴 너머에 시원적인 농경의 신이 있다. 디오니소스의 가장 오래된 모습은 농경 생활과 연결된 물질적인, 땅에 대한 관심으로 이어진다. 하지만 땅을 일구는 이들의 관심은 얼마 안 가서 **취기**와 **광기**의 무질서에 자리를 빼앗긴다. 디오니소스는 원래 포도주의 신이 아니었다. 기원전 6세기만 해도 그리스에서는 포도나무 재배가 그다지 중요하지 않았다. 이후 순식간에 중요성을 띠게 된다.

디오니소스적인 광기는 희생 제물들을 해치지 않는 제한적인 광기였다. 죽음은 아주 드문 결과였다. 디오니소스제 무녀들의 광란이 살아 있는 아이들, 심지어 자식의 몸까지 찢어발기는 무질서에까지 이르렀다는 데, 그런 극단적 단계가 정말로 제의에 포함되었는지는 단언하기 힘들다. 어쨌든 광란에 빠진 무녀들은 아이들 대신 새끼 염소의 몸을 찢어 삼켰고, 그 단말마의 비명은 아기들의 울음소리와 다르지 않았다.[35]

우리가 디오니소스제의 고삐 풀린 흥분에 대해 안다 해도, 그것이 어떤 과정으로 발전되었는지는 어차피 아무것도 분명하지 않다. 다른 요소들도 더해졌을 것이다. 트라키아[36] 동전들에 새겨진 그림들 속에서 통음 난무로 향하게 될 무질서를 떠올릴 수는 있다. 하지만 그 동전들이 보여 주는 바는 디오니소스제의 시원적 양태일 뿐이다. 이후 그리스 도기에 그려진 그림들은 방종이 핵심을 이루는 디오니소스교의 제의들을 보여 준다. 그런데 더 후세의 그림들은 통음 난무 축

---

35 나 역시 어렸을 때 집 앞에서 푸주하던 여자가 염소를 잡을 때 그 울음소리를 들으며 불안에 휩싸이곤 했다.

36 〔옮긴이〕고대 그리스 시대에 트라키아인들이 살던 지역으로, 오늘날의 그리스 북동부, 유럽 대륙 쪽의 터키, 루마니아 남부에 걸쳐 있다.

제의 비인간적 폭력이 사라지는 과정을 보여 준다. 폼페이의 '빌라 데이 미스테리(Villa dei Misteri)'[37]를 장식한 아름다운 벽화들은 1세기에 이르러 디오니소스교가 얼마나 세련된 제의에 이르렀는지 알게 해 준다. 티투스 리비우스[38]가 이야기로 남긴 기원후 186년의 유혈 탄압은 불확실한 비난의 근거가 된다. 그러한 비난은 통합을 해치는[39] 이국적인 영향들을 통제하기 위한 정치적 행동의 근거로 쓰였다. (이탈리아에서는 라틴 종교의 디오니소스——리베르[40]——임에도 불구하고 디오니소스교가 동방에서 왔다고 여겼다.) 타키투스[41]의 주장이나 페트

---

37 〔옮긴이〕 고대 그리스인들이 정착한 이탈리아 반도 남부 지역, 즉 '마그나 그라키아'의 대표적 도시였던 폼페이에는 그 시대에 건축된 대저택들이 남아 있다.

38 〔옮긴이〕 고대 로마의 역사가로, 마흔 권이 넘는 방대한 『로마사』를 집필했다. 특히 39권에서 186년에 선포된 바쿠스제 금지 법령과 그에 따른 처벌을 상세하게 서술했다.

39 〔옮긴이〕 186년 로마 원로원은 바쿠스제가 사회 질서를 파괴한다고 판단하여 축제를 감시하고 주동자들을 처형했다.

40 〔옮긴이〕 고대 로마의 종교에서 포도주와 풍요의 신. 그리스 신화가 전파되면서 디오니소스와 결합한다.

41 〔옮긴이〕 고대 로마의 역사가로, 『역사』와 『연대기』를 썼다.

로니우스[42]의 이야기에서, 디오니소스교의 제례가 적어도 부분적으로는 저속한 방탕으로 변질되었음을 짐작할 수 있다.

한편, 디오니소스교는 로마 제국 초기 몇 세기 동안 기독교의 위험한 경쟁자로 여겨질 만큼 인기가 있었다. 그런데 후기에 이르러 얌전해진 디오니소스교, 단정해진 디오니소스교로 변모한 정황으로 미루어 볼 때, 혼란에 대한 공포가 디오니소스교 신도들로 하여금 초기의 격정을 거부하게끔 한 것 같다.

---

42 〔옮긴이〕고대 로마의 역사가, 정치가, 작가. 풍자 소설이라 할 수 있는 『사티리콘(Satyricon)』의 한 장(章), 「트리말키오의 연회」에서 노예 출신이었으나 자유민이 된 졸부 트리말키오가 벌이는 방탕한 연회를 이야기한다.

II 기독교 시대

1 기독교의 단죄부터 병적 열광까지
혹은 기독교부터 악마 숭배까지

에로티즘의 역사에서 기독교는 에로티즘을 단죄하는 역할을 행했다. 기독교는 세계를 지배하면서 에로티즘으로부터 세계를 해방시키려 했다.

하지만 그 최종적 결과를 확인하려는 순간, 당연히 우리는 당혹스러워진다.

어떤 의미에서 기독교는 노동의 세계에 우호적이었다. 기독교는 향락 대신 노동에 높은 가치를 부여했다. 물론 기독교의 천국은 즉각적인 — 또한 영원한……—충족의 왕국이었지만, 처음에는 노력으로 얻어 내야 하는 최종적 결과였다.

어떤 의미에서 기독교는 노고—특히 고대 세계가 행한 노고—의 결과를, 노동의 세계를 여는 서막이 되어 준 일종의 연결 고리였다.

이미 보았듯이, 고대 세계에서도 종교의 목표는 점차 사후 세계로 변해 갔다. 순간으로부터 지고의 가치를 빼앗아 최종적 결과에 부여했다. 기독교는 더 강경했다. 기독교는 순간의 향락에 최종적 결과와 관련된 죄의식이라는 의미밖에 남기지 않았다. 기독교적 관점에서 에로티즘은 최종적 결과를 위태롭게 하거나 적어도 지연시켰다.

하지만 그러한 경향에는 반대급부가 있었다. 에로티즘에 대한 기독교의 단죄로 인해 오히려 에로티즘이 불타오르는 격정적 힘을 지니게 된 것이다.

악마 숭배가 그랬다. 기독교에 대한 부정(否定)인

악마 숭배는 그 출발점인 기독교가 참이어야만 의미를 지닌다. (그러나 기독교에 대한 부정은 결국 기독교에 대한 망각이 되었다.)

악마 숭배는 특히 중세 말기에, 그리고 그 이후까지 나름의 역할을 행했다. 하지만 기원의 한계 탓에 스스로 생존할 수 있는 힘을 갖지 못했다. 에로티즘은 필연적으로 악마 숭배의 드라마와 이어진다. 사탄에게 가해진 저주에서 출발한 악마 숭배는, 그 신도들을 이미 사탄한테 가해진 불행에 똑같이 바칠 수밖에 없는 운명이었다. 그런데 아마도 오류가 일어났고, 악마가 인간에게 행운을 줄 수 있는 듯 보였다. 하지만 그렇게 실현되지는 않았다. 종교 재판이 오류를 물리쳐 버렸기 때문이다.

행운을 잃은 에로티즘의 결과는 필연적으로 그 반대인 **불운**이 되었고, 결국 우회적으로 행운을 추구할 수밖에 없었다. 그러나 우회해서 가는 동안 에로티즘은 힘을 잃었다. 부정한 행위로 축소된 것이다. 디오니소스의 에로티즘은—모든 에로티즘이 그렇듯이 부분적으로 가학적이기는 하지만—긍정이었다. 그런데 상대적으로 부정한 행위가 되어 버린 에로티즘에서 긍정은 우회해 갈 수밖에 없었다.[43]

2 회화에 다시 등장한 에로티즘

중세는 회화에서 에로티즘에 자리를 내주었다. 중세는 에로티즘을 지옥으로 밀어냈다![44] 중세 화가들은 교회를 위해 일했고, 교회는 에로티즘을 죄악으로 보았다. 따라서 중세 회화는 오로지 단죄하기 위해서 에로티즘을 끌어들였다. 지옥을 그린 그림, 엄밀히 말하면 죄악을 그린 혐오스러운 그림만이 에로티즘에 자리를 내준

---

43   가장 중요한 예외가 있었다. 바로 사드(Sade)다. 이에 대해서는 뒤에서 다시 이야기할 것이다.

44   그림에 등장하는 지옥을 보면 알 수 있다. 단테 역시 에로티즘을 지옥으로 쫓아냈다. 하지만 그의 시에서 파올로와 프란체스카(옮긴이: 단테의 『신곡』 「지옥」 5곡에 등장하는 '애욕의 죄'를 범한 죄인들.)는 깊은 지옥 속에서 숭고한 사랑을 실현한다.

것이다.

르네상스기에 변화가 일어났다. 그러한 변화는——특히 독일에서——중세의 형태들이 버려지기 전부터 애호가들이 에로틱한 작품을 사들이던 때 시작되었다. 당시에는 아주 부유한 사람들만이 세속화를 주문할 수 있었다. 판화는 그보다 돈이 덜 들지만, 그렇더라도 누구나 살 수 있지는 않았다.

그러한 한계가 고려되어야 한다. 당시의 그림들——혹은 판화들——에 반영된 인간의 정념은 왜곡되어 있다. 그 그림들, 판화들은 중세 회화와 같은 방식으로 보편적 반응, 일반 민중의 반응에 부응하지는 않는다. 하지만 민중은 격정의 폭력에 쉽게 빠졌다. 줄어든 세계에서 폭력은 영향력을 행사했고, 그 세계에서 밤의 예술이 태어났다.

우리는 그러한 한계를 고려해야 한다. 그림 혹은 판화에 주어진 인간의 정념은 왜곡되어 있다. 그 그림들, 판화들은 중세 회화와 같은 방식으로 보편적 감정을 표현하지 않는다. 그러나 정념의 폭력은 종교적 세계, 경건하게 육신의 행위를 저주하고 살아남은 세계의 밤에서 태어난 에로티즘 예술 속에서 여전히 영향력을 발휘했다.

알브레히트 뒤러, 루카스 크라나흐,[45] 발둥 그린[46]의 작품들은 그러한 불확실한 빛에 부응한다. 따라서 그 작품들이 가지는 에로티즘적 가치는 어떤 의미로는 폐부를 찢을 듯 날카롭다. 그것은 편안함을 추구하는 세계에서는 드러나지 않는 가치다. 그것은 휘청대는, 정확히는 열기에 취한 섬광들이다. 크라나흐의 그림 속에서 나신의 여자들이 쓴 커다란 모자는 도발하고자 하는 강박 관념을 드러낸다. 오늘날 너무도 가벼워진 우리는 그 모습을 보며 웃음 지을 수 있다. 하지만 벌거벗

---

45 〔옮긴이〕 Lucas Cranach(1515~1586): 독일 르네상스의 화가, 판화가.

46 〔옮긴이〕 Hans Baldung(1485~1545): 독일 르네상스의 화가, 판화가. 녹색을 즐겨 사용해서 발둥 그린(Grien)이라는 별명으로도 불린다.

긴 사형수의 발을 묶어 거꾸로 매달아 놓은 채로 사타
구니부터 잘라 나가는 톱을 그린 사람에게서 우리는 재
미있다는 감정 이상의 것을 보아야 하지 않을까…….

멀리 있던, 흔히 잔혹한 에로티즘이 이 세계로 들
어오는 순간, 에로티즘과 사디즘의 끔찍한 일치가 일어
난다.

알브레히트 뒤러 역시 크라나흐나 발둥 그린처럼
에로티즘과 사디즘이 연결된 작품을 남겼다. 특히 발둥
그린은 에로티즘의 끌림을 죽음에, 고통이 아니라 더없
이 강렬한——우리를 두렵게 하지만 동시에 마법의 공
포가 가득한 매혹으로 끌어가는——죽음의 이미지에,
죽음의 부패에 연결시켰다. 이러한 결합은 머지않아 사
라지게 된다. 마니에리즘이 그로부터 회화를 해방시킨
것이다! 18세기에 이르러 비로소 자신만만한 에로티
즘, 리베르티나주[47]의 에로티즘이 나타난다.

47　〔옮긴이〕 프랑스를 중심으로 17세기부터 18세기까지 유행한 사상

3 마니에리즘

내가 보기에 에로티즘 회화 중에서 가장 매혹적인 회화는 '마니에리즘'이라 지칭되는 회화다. 사실 마니에리즘 회화는 오늘날까지도 그다지 알려져 있지 않다. 이탈리아의 마니에리즘은 미켈란젤로에서 출발했다. 프랑스에서는 퐁텐블로파[48]가 훌륭하게 표현해 냈다. 미켈란젤로를 제외하면 아마도 대부분의 마니에리즘 화가들이 제대로 평가받지 못했다.[49] 전체적으로 그들

으로, 종교의 굴레를 거부한 자유를 추구했다.

48 〔옮긴이〕16세기에 퐁텐블로 성을 증축할 때 유입된 이탈리아 예술가들의 마니에리즘을 이어받은 프랑스의 유파.

49 미켈란젤로와 엘 그레코만이 예외다. 일단 지금은 에로틱한 마니에리즘에 대해서만 이야기하겠다. 내가 보기에 에로티즘은 마니에리즘의 핵심이다. 어떤 점에서, 그리고 어떤 방식으로 엘 그레코가 마니에리즘에 속하는지 말해야 한다. 엘 그레코가 마니에리즘에 속하는 것은 폴리뇨의 성녀 안젤라(Agela de Foligno)〔옮긴이: 13세기 이탈리아의 신비주의자.〕혹은 아빌라의 성녀 테레사(Teresa d'Avila)〔옮긴이: 16세기 스페인의 신비주의자.〕가 격앙된 기독교, 즉 기독교의 본질인 미래보다 현재의 순간에 더 중요한 의미를 부여하는 기독교(앞에서 내가 이미 말했듯이 이것은 에로티즘의 격렬함, 강렬함에 부응한다.)에 속하는 것과 같다.

은 진가를 인정받지 못했다. 퐁텐블로파 회화에는 그
와 다른 대접이 필요하다. 카롱,[50] 슈프랑거,[51] 판 하
를렘[52] 같은 이름들이 정도의 차이는 있지만 거의 대
부분 잊힌 것은 실로 부당하다. 그들은 "기이함의 천
사"[53]를 사랑했고, 강렬한 감각에 스스로를 내맡겼다.
고전주의는 그들을 경멸했지만…… 절제란 결국 지속
적이지 않은 모든 것, 적어도 지속되어서는 안 될 것에
대한 두려움이 아니겠는가. 엘 그레코에 대한 관심 역
시 같은 이유로 끊겼다. 물론 마니에리즘 화가들의 그
림에는, 엄밀한 의미로 엘 그레코의 그림과 같은 난폭

---

50   앙투안 카롱(1520년 보베에서 출생, 1598년 파리에서 사망)은 퐁
텐블로파 화가로 프란체스코 프리마티초(Francesco Primaticcio)의 지
도로 미술을 배웠다. 카롱의 그림은 니콜로 델라바테(Nicolò dell'Ab-
bate)의 스타일과 연결되지만, 그의 '광기'는 스승들과 그에게 영감을 준
다른 예술가들의 틀을 넘어섰다.
51   〔옮긴이〕 Bartholomeus Spranger(1546~1611): 플랑드르의 화
가, 조각가.
52   〔옮긴이〕 Cornelis van Haarlem(1562~1638): 독일의 화가.
53   〔옮긴이〕 에드거 앨런 포의 단편 소설 「The Angel of the Odd」의
제목이다. 1871년 보들레르가 프랑스어로 「L'ange du bizarre」로 번역
했다.

한 격정이 없다. 하지만 그들은 에로티즘 때문에 손해를 보았다.

여기서 나는 같은 시기에 같은 길을 걸어간 화가들 중에 덜 강박적인, 적어도 덜 대담한 이들이 있었음에 주목한다. 엘 그레코의 스승이던 틴토레토,[54] 실질적으로 틴토레토의 스승이던 티치아노다. 사실, 이탈리아(특히 베네치아)에서 티치아노 혹은 틴토레토의 마니에리즘과 에로티즘이 큰 거부감 없이 받아들여진 까닭은 부분적으로 고전주의와 그로 인한 의기소침이 깊지 않았기 때문이다. 반면 엘 그레코의 마니에리즘은 17세기 스페인에 큰 충격을 주었고, 결국 유럽에서 가장 기이한 화가들 중 하나인 그의 이름은 이후 삼세기, 혹은 거의 그만큼 긴 시간 동안 사라져 있었다. 엘 그레코 같은 마니에리즘이 결코 관심을 끌지 못했을 프랑스에서는 푸생[55]의 작품에 나타나는, 원칙적

---

54 〔옮긴이〕 Tintoretto(1518~1594): 이탈리아의 화가로, 색채와 빛의 사용에서 새로운 기법을 시도했다.

55 〔옮긴이〕 Nicolas Poussin(1594~1665): 프랑스의 화가로 이탈리

으로 그의 고전주의와 반대되는 특징이라 할 수 있는 강박적 에로티즘이 별다른 반향을 남기지 못했다. 푸생의 진면목은 오히려 그림으로 완성하지 않은 한 점의 스케치에서 찾아볼 수 있다.(「연인들과 엿보는 자」, 루브르.)

4   18세기의 리베르티나주와 사드 후작

급진적인 변화는 18세기 프랑스의 '리베르티나주'와 함께 일어난다. 16세기의 에로티즘은 무거웠다. 앙투안 카롱이 보여 주듯, 광기에 취한 사디즘과 함께하는 에로티즘이었다.

부셰[56]의 에로티즘은 가벼움 쪽으로 기울어진다.

아 르네상스 고전주의를 이어 갔다.

56   〔옮긴이〕 François Boucher(1703~1770): 18세기 프랑스의 화가.

하지만 그 가벼움은 무거움으로 향하는 길을 열기 위
해 존재했을 뿐이다……. 때로는 웃음이 대살육의 막을
걷어 올린다. 어쨌든 당시의 에로티즘은 스스로 서막이
된 공포의 역사에 대해 아무것도 알지 못했다.

　부셰는 사드를 만난 적이 없다. 사드는, 그가 평
생 동안 떨쳐 내지 못한 공포가 무엇이었든(그의 소설들
은 바로 그 공포를 옮겨 놓은 가혹한 이야기다.) 웃음을 알았
다.[57] 하지만 마들로네트[58] 감옥에서 픽퓌스[59] 감옥으
로 옮겨 가던 시기, 테르미도르의 반동이 없었더라면
사형대에 오르고 말았을 그 시기에 사드는 대혁명의 격
랑 속에서 목이 잘리는 사람들을 지켜보며[60] 황폐해졌
다. 사드의 삶은…… 삼십 년을 감옥에서 보내야 했던

57　『규방 철학(La Philosophie dans le boudoir)』은 공포를 농담과
연결한 재미있는 책이다.
58　〔옮긴이〕 17세기에 창녀들을 교화하기 위해 세워진 수녀회 시설
로, 대혁명 시절에 감옥으로 사용되었다.
59　〔옮긴이〕 파리 동쪽 픽퓌스 거리에 있던 정신 병원으로, 대혁명 시
절에 감옥으로 사용되었다.
60　감옥 마당에 단두대가 있었다.

그는 숱한 몽상으로 그 고독을 채웠다. 끔찍한 비명과 유혈이 낭자한 육신에 대한 몽상이었다. 감옥에서의 삶을 감내해야 했던 사드는 견딜 수 없이 힘든 것들을 상상하면서 그 일을 해냈다. 사드의 혼란스러운 흥분 속에는 그를 갈기갈기 찢어 놓는, 그러면서도 질식시키는 폭발과도 같은 무언가가 있다.

5 고야

사드의 고독한 슬픔이 던진 문제는, 말만 늘어놓는 지루한 노력으로는 해결할 수 없다. 인간 삶의 최종적 질문이 제기될 때마다 늘 유머가 답한다. 공포를 극복할 가능성에 늘 피의 충동이 답한다. 대답은 매번 변덕스럽다. 대답이 의미하는 것은 그저 변덕스러운 기분일 뿐이다. 물론 사드의 언어 속에서 폭력의 움직임을 볼 수도 있다. (하지만 말년에 그는 다가오는 죽음 앞에서 암울한 피로에 빠져들었다.[61])

정당화된 한 가지 관점과 정당화될 수 없는 다른 관점이 맞서는 문제가 아니다. 서로 모순되는, 진정제나 자극제 말고는 다른 답이 없는 신경증적인 상태들이 맞선다.

풀리지 않은 문제가 우리 마음을 쑤셔 댄다. 한 가지 가능성밖에 남지 않았다. 광란과 우울한 공포를 대립시킬 것. 사드와 고야는 거의 비슷한 시기에 살았다.[62] 사드는 감옥에 갇혀 있었고, 때로 광기의 극단에 이르렀다. 귀가 들리지 않았던 고야는 삼십육 년 동안 청력을 완전히 잃은 상태로 살았다. 프랑스 대혁명은 그들을 희망의 빛으로 일깨웠다. 사드와 고야 모두 종교에 기초한 체제를 병적으로 혐오했다. 무엇보다도 그들은 공통적으로 극한의 고통이라는 강박 관념을 지녔다. 고야는 사드와 달리 고통을 관능에 연결시키지 않

---

61   『에로티즘』을 볼 것.

62   고야는 사드보다 육 년 늦게 스페인에서 태어났고, 십사 년 늦게 프랑스에서 죽었다. 고야는 1792년 보르도에 있을 때 청력을 완전히 잃었다.

았다. 하지만 그의 내면에 자리 잡은 죽음과 고통의 강박 관념이 경련적인 폭력성을 띠면서 에로티즘과 맞닿게 된다. 고야에게 에로티즘은 어떤 의미에서는 출구였을 것이다. 공포에서 벗어나는 혐오스러운 출구. 고야는 악몽에 시달렸고, 귀가 들리지 않았다. 그렇게 갇혀 있었다. 인간적인 차원에서 고야와 사드 중에 누가 더 가혹하게 운명에 갇혔는지 말하기는 힘들다. 사드는 착란 속에서도 분명 인간성의 감정을 간직했다. 하지만 고야의 판화, 데생, 회화를 보면 그는 완전한(법을 어기지는 않는다.) 착란에 이른다. (어쩌면 사드 역시 법의 한계를 벗어나지 않았다.[63])

---

63   하지만 사드가 자신의 욕망을 상상 속에서, 즉 소설을 통해 충족시키려 한 것은 훗날 감옥에 갇힌 뒤였다. 사드로 하여금 무기한 구류형을 살게 했던 마르세유 사건〔옮긴이: 마르세유에서 여자들과 함께 최음제를 복용하고 환각을 즐긴 사건이다.〕은 지금 같으면 그렇게까지 엄중한 결과를 불러오지 않았을 것이다.

6 질 드 레[64]와 에르제벳 바토리[65]

사드는 질 드 레를 알았고, 돌처럼 단단한 그의 냉혹성을 좋아했다. 질 드 레에게서 가장 놀라운 점은 바로 그 냉혹성이다. "그는 마침내 숨을 거둔 아이들을 껴안았다. 그중에서도 가장 아름다운 얼굴, 가장 아름다운 몸을 가진 아이들의 모습을 응시했고, 잔인하게 그 몸을 가르게 한 뒤 몸속의 장기들을 보면서 환희에 젖었다." ……전율하지 않고 버텨 낼 마지막 가능성까지 앗아 가 버리는 대목이다. "그리고 아이들이 죽어 가는 동안 그는 배에 올라타서 숨이 끊어지는 모습을 바라보며 즐겼고, 앞에 나왔던 모리요와 앙리에(그의 하인들이다.)와 함께 **웃음을 터뜨렸다.**" 그러다가 흥분이 극에 달한 질 드

64　〔옮긴이〕 Gilles de Rais(1404~1440): 프랑스 브르타뉴 지역의 공작으로, 소년들을 네뎌와 고문, 강간 및 살해한 죄로 기소되어 처형당했다.

65　〔옮긴이〕 Erzsébet Béthory(1560~1614): 중세 헝가리 왕국의 귀족 부인으로, 자신의 젊음을 유지하기 위해 1천 명이 넘는 소녀들을 잡아 와서 그 피로 목욕을 했다.

레 경(卿)은 그대로 쓰러졌다. 하인들이 방을 청소했고, 피를 씻어 냈다. 그리고 주인이 잠자는 동안 '악취'를 없애기 위해서라며 옷들을 하나하나 태웠다.[66]

만일 사드가 에르제벳 바토리에 대해 알았더라면 더없이 열광했으리라. 이자보 드 바비에르[67]만으로도 그랬으니, 에르제벳 바토리를 접했더라면 그 순간 야수처럼 포효했을 것이다. 나는 이 책에 그녀의 이야기를 눈물 흘리며 쓸 수밖에 없다. 이 비통한 문장들은 내 안에서, 나의 의식 속에, 에르제벳 바토리라는 이름이 불러내는 광기 어린 냉정함과 정반대에 있다. 그것은 회한이 아니고, 사드의 정신 속에서 일어난 것 같은 욕망의 뇌우도 아니다. 무엇보다, 인간이 진정으로 무엇인지에 대해 우리 의식이 눈을 떠야 한다. 기독교는 그것

---

66 『질 드 레의 재판(Le Procès de Gilles de Rais)』을 참조할 것.

67 〔옮긴이〕 Isabeau de Bavière(1371~1435): 프랑스 발루아 왕가 샤를 6세의 왕비였다. 광증에 시달리던 남편을 대신해서 실질적으로 통치하는 동안 사치와 탐욕에 빠진 생활을 했다. 사드는 『이자보 드 바비에르의 숨겨진 이야기(L'Histoire secrète d'Isabeau de Bavière)』를 썼다.

을 회피했다. 전체적으로 인간들은 영원히 회피할 테지만, 인간의 의식은—오만과 굴종 속에서, 열정적으로, 그러나 전율하며—절정의 공포에 눈을 떠야 한다. 오늘날 독자들이 사드의 작품을 쉽게 읽게 되었다고 해서 범죄가—심지어 사드식의 범죄마저도—늘어나지는 않았다. 오히려 사드를 읽음으로써 인간 본성은 스스로 '자기의식'에 온전히 눈뜨게 된다!

7 현대 세계의 변천

우리는 우리 자신에게 주어진 출구가 오로지 의식뿐임을 안다. 저자인 나에게 이 책은 단 한 가지 의미를 지닌다. **자기의식에 눈뜨게 해 주기!**

사드와 고야를 거친 뒤로 에로티즘은 사라졌다. 그들 이후 누구도 정상에 오르지 못했다. 그렇다고 인간 본성이 마침내 순화되었다는 생각은 성급하다. 전쟁들에서도 그 증거를 얻지 못했다……. 자신이 어떤 원칙을 가지고 있는지 밝힌 적 없는 질 드 레로부터 원칙을 밝히기는 했지만 실제 행동으로 옮기지는 않은 사드에 이르면서, 폭력이 약해졌음은 사실이다. 질 드 레는 요새 같은 자신의 성채에서 수십 명, 어쩌면 수백 명의 아이들을 고문하고 죽였다. 한 세기 후 헝가리에서는 대귀족 가문의 여인 에르제벳 바토리가 자신의 성에 들어앉아 어린 하녀들을, 나중에는 귀족가의 소녀들까지 죽였다. 그것도 너무도 잔인한 방식으로…… 원론적으로 19세기에는 폭력이 줄어들었다. 이후 20세기에는 전쟁이 이어지면서 폭력의 분출이 분명 급증했다. 하지만 20세기의 분출은, 그로 인해 야기된 공포가 얼마나 대단했든, 어쨌든 제한적이다. 가장 추한 일이 규율 속에서 이루어진다!

전쟁의 잔혹성이 커지고 규율도 강압적으로 변해가면서, 이전에 전쟁의 승자들이 누렸던 파렴치한 안도감과 위안의 몫은 줄어들었다. 대량 학살에는 오히려 양측 진영 모두에게 썩어 가는 공포, 진창에 빠진 공포가 더해졌다. 공포는 확연히 정신적 쇠약의 의미를 띠게 되었다. 20세기의 전쟁은 전쟁을 기계화했고, 따라서 전쟁은 노화되었다. 결국 세계는 이성에 굴복하게 되었다. 전쟁 안에서까지 노동이 원칙을 이룬다. 노동이 세계의 가장 근본적인 법칙이 된다.

점차 폭력으로부터 멀어지면서 세계는 맹목적 난폭성에서 잃어버린 무언가를 의식을 통해 얻는다. 그러한 새로운 방향은 특히 회화 속에 점차 충실하게 반영된다. 회화는 관념주의의 침체를 벗어난다. 심지어 정확성에 대해, 현실 세계에 대해 자유로운 입장을 취할 때마저도 관념주의를 무너뜨리려 애쓴다. 에로티즘은 어떤 의미로 보면 노동과 반대일 수 있다. 하지만 그와 같은 대립은 절대 치명적이지 않다. 오늘날 인간을 위협하는 것은 물질적 향락이 아니다. 물질적 향락은 원칙적으로 부의 축적과 반대다. 부의 축적은——적어도 부분적으로는——우리가 그로부터 기대할 수 있는 향락을 해친다. 부의 축석은 생산 과잉에 이르고, 그 출구는 전쟁밖에 없다. 그렇다고 부의 무분별한 축적과 연결된 불행의 위협에 에로티즘이 유일한 해결책이라는 말은 아니다. 절대 그렇지 않다. 하지만 전쟁과 대립하는 소비의 여러 가지 가능성, 그러니까 순간적으로 에너지를 소비하는 에로티즘의 쾌락이 전형을 이루는 소비의 가능성을 따져 보지 않고서는 이성에 기반한 출구를 찾아낼 수 없다.

8 들라크루아, 마네, 드가, 귀스타브 모로 그리고 초현실주의자들

이제 회화는 어떤 의미에서 문학보다 더 멀리 나아갈 수 있는 가능성을 품게 되었다. 물론 사드의 문학만큼은 아니다. 그렇지만 무엇보다 사드는 잘 알려져 있지 않았다. 당시 유포되던 희귀본을 읽을 수 있는 사람은 극히 드물었다.

들라크루아는 전체적으로 관념주의적 회화의 원칙에 충실하면서도 새로운 회화의 길로 기울었고, 에로티즘의 차원에서 그림을 죽음의 표현에 연결시켰다.

마네는 처음으로 관습적 회화의 원칙들과 결연히 갈라섰다. 보아야 하는 것이 아니라 실제로 본 것을 그렸다. 게다가 그러한 선택의 결과로 그는 습관으로 왜곡되지 않은 날것의 거침을 볼 수 있었다. 마네의 누드화는 우리를 가라앉히는 습관이라는 옷, 우리를 지워 버리는 관례라는 옷을 벗어던진 거침을 드러낸다. 마찬가지로 드가는 모노타이프 판화들에서 사창가 여자들의 무례함을 보여 주려 했다.[68]

귀스타브 모로의 그림들은 분명 그 반대 방향으로 나아간다. 모로의 그림에서는 모든 게 관습적이다. 하지만 그럼에도 폭력이 관습과 맞선다. 들라크루아

---

68 젊을 때의 세잔에게서도 그러한 경향이 나타난다. 세잔의 「올랭피아」는 무례한 엉뚱함을 두드러지게 드러냄으로써 마네의 「올랭피아」에 맞서고자 했지만, 마네만큼 설득력은 없었다.(마네의 「올랭피아」가 강력한 성적 매력에 부응하면서 좀 더 진실되고, 좀 더 기이하다.)

의 경우 폭력이 너무 커서 그림 속 관습으로도 관념주의 원칙에 부응하는 형태들을 가릴 수 없었다면, 귀스타브 모로의 인물들을 에로티즘의 불안한 나신이 되게 하는 것은 폭력이 아니라 성적 도착, 성적 강박 관념이다.

이제 마지막으로, 오늘날의 마니에리즘이라 말할 수 있는 초현실주의 회화에 대해 이야기해야 한다. 마니에리즘? 사람들은 이제 이 용어를 더 이상 비난의 의미로 사용하지 않는다. 나는 관습을 벗어나려면 꼭 필요한 긴장된 폭력을 표현해야 한다는 의미에서 마니에리즘이라는 용어를 사용했다. 나는 들라크루아의 폭력이나 마네의 폭력, 혹은 귀스타브 모로의 열병을 마니에리즘이라고 표현하겠다. 불변의 진리를 추구하는 고전주의와의 대립을 강조하기 위해서다. 마니에리즘은 열병의 추구다!

마니에리즘의 추구는 주의를 끌려는 병적인 욕구를 가리는 평계가 될 수도 있다. 에로티즘의 위험한 진실을 잊은 채 속임수를 쓰려는 사람이 그렇다.[69]

오늘날 초현실주의라는 명칭을 앙드레 브르통이 이끄는 유파를 지칭하는 데 한정해서 사용하는 사람은 없다. 그럼에도 불구하고 나는 초현실주의보다 마니에리즘이라는 용어를 택했다. 열병——열병, 욕망, 위험한 정념——의 표현이라는 강박 관념을 지닌 그림들의 근본적 통일성을 강조하고 싶다. 마니에리즘이라는 용어가 환기하는 인위적 기교는 중요하지 않다. 마니에리즘은 오로지 과장을 원하는 사람들의 머릿속에서 욕망과 이어진다. 내가 지금 언급하는 화가들의 핵심적 특징은 관습에 대한 증오다. 오직 그것만이 에로티즘의 열기를, 에로티즘이 뿜어내는 질식할 듯한 열기를 사랑할 수 있게 해 준다. 무엇보다도, 내가 지금 얘기하는 회화는 들끓는다. 살아 있다…… 불타고 있다…… 그런 그림에 대하여 판단, 분류 등이 요구하는 냉정함으로 말할 수는 없다…….

---

69 살바도르 달리 얘기다. 그의 그림이 불타오르듯 강렬하다고 생각한 적도 있지만, 지금 내 눈에는 인위적인 기교밖에 보이지 않는다. 달리가 강렬하지만 우스꽝스러운, 기이한 기교의 덫에 빠진 것 같다.

III 결론을 대신하여

1 매혹적인 인물들

앞의 두 장(章)에서 나는 한계 없는 에로티즘이 의식적 에로티즘으로 이행하는 과정을 밝히고자 했다.

전쟁이라는 폭력의 분출로부터 회화로 재현된 비극으로의 이행은 쇠락일까?

싸움은——인간적 차원에서——비극의 의미를 가질까? 결국 너무도 고통스러운 질문이다.

우선 희극적 의미부터 떨쳐 내고 싶다…….

공포의 부재, 한계 없는 분출에 맞서 계산을 내세

울 때, 우리는 쇠락의 감정으로 우울해진다.

하지만 우리는 가능성의 풍요에 빨리 다가갈 수 없음을 알고 있다. 복수를 할 때처럼——복수는 말하자면 차게 먹는 요리다.——가능성의 풍요 앞에서 경탄하면서도 명료한 의식은 폭력이 가라앉기를, 격정이 상대적으로 차가워지기를 요구한다. 인간이 가능성의 끝에 이르려면 두 가지 시간을 거쳐야 한다. 처음은 가능성이 풀려나는 분출의 시간이고, 두 번째는 의식의 시간이다. 우리가 의식에서 무엇을 잃는지 정확히 알아내야 한다. 하지만 우선, 우리를 가두는 인간성 속에서 의식의 명료함은 결국 냉각을 의미한다는 사실을 알아야 한다. 의식과 연결되어 있는, 그러한 불가피한 쇠락을 가늠해 보기……. 그래도 여전히 참인 원칙이 있으니, 인간적인 것과 의식을 구별할 수는 없다는 점이다.

의식적이지 않은 것은 인간적인 것이 아니다.

이와 같은 일차적 불가피성을 인정해야 한다. 존재하기 위해서, 인간적으로 살기 위해서, 우리는 시간의 우여곡절을 거쳐 갈 수밖에 없다. 시간 전체가 인간의 삶을 이루고 완성한다. 의식은 원래 취약하다. 격정의 폭력 때문이다. 의식은 그 후에, 격정의 소강 상태로 인해 드러난다. 우리는 풀려난 폭력을 무시할 수 없고, 잠시 가라앉은 폭력을 비웃을 수도 없다.

분명한 한 순간의 의미가 단번에 드러나는 일이 가능할까? 순간들의 연속만이 분명하게 드러날 수 있음을 굳이 강조할 필요도 없다. 하나의 순간은, 순간들 전체와의 관계 속에서만 의미를 갖는다. 다른 단편들에 연결될 수 없다면 우리는 매번 의미 없는 단편들일 뿐이다. 그런데 완성된 전체와 어떻게 연결될 수 있을까?

이 순간 내가 할 수 있는 전부는 지금까지 제시한 시각들에 새로운 시각, 가능하다면 최종적인 시각을 덧붙이는 것뿐이다.

나는 전체 속으로 밀고 들어갈 것이고, 마침내 그

전체의 내적 일관성이 드러나게 되리라…….

그러한 움직임의 원칙은 직접적인 의식만이 주어진 명료한 의식의 불가능성이다.

나와 비슷한 시대를 살았고 내가 사진에서만 만난 인물들에 대해 조금 더 생각해 보려 한다. 문제의 두 인물은 자신들이 어떤 순간을 살고 있는지 거의 의식하지 못했다. 첫 번째는 부두교[70] 희생 제의의 사제다. 두 번째는 죽음 외에 다른 목적을 생각할 수 없는 형벌을 당하는 중국인 죄수다.

이제 나는 그들이 렌즈나 필름 위에 고정되던 순간에 체험한 것을 조심스럽게 나의 일로 상상해 보려 한다.

---

70 〔옮긴이〕 서아프리카 다호메이 왕국(20세기 중반까지 프랑스의 식민지였고, 현재의 베냉이다.)의 종교로, '보두'는 '영혼, 정령'을 뜻한다. 왕가의 조상이 죽은 뒤에도 이승을 관장한다고 믿으며 공물 헌납, 희생 제의 등을 행했다. 이후 이들이 노예 무역으로 신대륙까지 붙잡혀 가면서 부두교는 카리브해 지역(특히 아이티)으로 퍼져 나갔다.

2 부두교의 희생 제의

부두교의 사제가 체험한 것은 일종의 황홀경이다. 어떤 의미에서는 도취 상태에 비길 만하다. 부두교의 사제는 새를 죽이면서 그러한 황홀경에 빠졌다. 오늘날 가장 뛰어난—그리고 가장 유명한—사진가로 꼽히는 이가 찍은 훌륭한 사진들[71]에 더 첨언할 생각은 없다. 그저 한마디만 해 두자. 열정을 품고 그 사진들을 바라보면, 우리가 사는 세계로부터 가장 멀리 떨어져 있는 세계로 들어설 수 있다.

그 세계는 유혈이 낭자한 희생 제의의 세계다.

오랫동안 유혈 희생 제의는 인간으로 하여금 일상의 현실과 공통의 척도로 가늠할 수 없는, 종교적 세계에서 **성스러움**(le sacré)이라는 기이한 이름을 부여받은, 경계 너머의 현실에 눈뜨게 해 주었다. 성스러움에는

71　〔옮긴이〕인류학자이자 민속학자로 카리브해와 남아메리카의 종교를 연구한 알프레드 메트로(Alfred Métraux, 1902~1963)의 책 『아이티의 부두교(Le Vaudou haétien)』에 실린 사진들을 말한다.

이미 타당한 한 가지 정의가 주어져 있다. 그럼에도 불구하고 우리 중에는 여전히 성스러움이 무엇을 의미하는지 상상하는(상상하려고 시도하는) 사람들이 있다. 그러한 독자라면 문제의 사진들을 보면서 성스러움의 의미를 유혈이 낭자한 희생 제의의 현실, 희생 제의에서 죽임을 당하는 동물의 피가 흐르는 현실, 바로 그것이 제시하는 이미지에 연결 짓고자 애쓸 것이다. 그런 이미지…… 아마도, 현기증 이는 까마득한 공포와 도취 상태가 형성되는, 죽음 그 자체의 현실, 죽음이 갑자기 닥쳐오는 순간의 현실이 삶보다 더 무거운 의미를, 더 무겁고…… 더 싸늘한 의미를 지니게 되는 혼란스러운 감정에 연결 지으려 한다.

3 중국의 형벌

베이징에서 형벌을 받는 죄수의 모습이 몇 장의 사진으로 남아 있다. 그 노골적인 모습에 연결된 세계는 내

가 아는 한 카메라를 통해 우리에게 전해진 장면들 중
에서 가장 깊은 불안의 고뇌를 담아낸다. 사진 속 형벌
은 중죄인에게 가해지던 능지(陵遲)[72]다. 그중 하나가
1923년 조르주 뒤마[73]가 쓴 『심리학 개론(Traité de psy-
chologie)』에 수록되어 있다. 뒤마는 사진이 찍힌 시기
를 실제보다 앞서 잡았다. 또한 사진 속의 순간을 **소름**
돋는 격앙의 순간——머리털이 곤두서는 순간!——의 예
로 들었다. 내가 듣기로는, 형벌을 오래 진행하려고 죄
인에게 아편까지 먹였다. 조르주 뒤마는 죄수의 얼굴
에 나타난 황홀한 표정을 강조했다. 덧붙이자면, 적어
도 부분적으로는, 아편에 취한 죄수의 표정으로 인해
사진에 담긴 고뇌는 더 커진다. 1925년에 사진 중 하나
가 내 손에 들어왔다. 프랑스의 초기 정신 분석학자이

---

72 〔옮긴이〕죄인으로 하여금 고통을 천천히 오래 느끼게끔 하는 형
벌이다. 살아 있는 상태에서 살을 저며 내고 사지를 자르는 방식으로 진
행되었다. 천 번 칼질을 한다는 뜻에서 살천도(殺千刀)라고도 불렸으며
프랑스어로는 '백 조각(Cent morceaux)' 형벌로 불린다.
73 〔옮긴이〕Georges Dumas(1866~1946): 프랑스의 의사, 심리학자.

던 보렐 박사[74]한테 얻었다. 그 사진은 나의 삶에서 결정적인 역할을 했다. 황홀하면서 동시에 견디기 힘든 그 고통의 장면이 나의 뇌리에 박혔다. 만일 사드 후작이 이 사진을 보았더라면, 실제로 목격하지 못한, 꿈꾸었지만 다가가지는 못한 이 장면을 어떻게 받아들였을까. 사드 후작은 한시도 눈을 떼지 못한 채 어떤 식으로든 그 장면을 응시했을 것이다. 아마도 홀로, 고독 속에서, 적어도 상대적인 고독 속에서 응시하고 싶었으리라. 그런 고독 없이는 황홀과 관능이 불가능하다.

한참 후인 1938년에 나는 친구를 따라 요가 수련을 시작했다. 그 일을 계기로 나는 사진 속 장면의 폭력 속에서 전복이라는 무한한 가치를 파악할 수 있었다. 나는 그러한 폭력 앞에서——내가 보기에 이보다 더 광기 어린, 더 끔찍한 폭력은 없다.——완전히 전복되어 황홀경에 이르렀다. 이 책에서 나는 종교적 황홀경과

---

74 〔옮긴이〕 Adrien Borel(1886~1966): 프랑스의 의사로, 파리 정신 분석학회의 창립 회원이었다. 1925년 바타유는 지인들의 권유로 보렐에게서 정신 분석을 받았다.

에로티즘—특히 사디즘—의 근본적인 연결을 보여 주려 한다. 가장 고백하기 어려운 것에서 가장 높은 것으로. 이 책은 제한된 경험, 즉 누구나 겪는 경험 속에 머물지 않는다.

나는 의심할 수 없었다…….

한순간 갑자기 내 눈앞에 나타난 것, 나를 고뇌 속에 가둬 버린—그러나 그와 동시에 나를 고뇌로부터 해방시킨—그것은 신성한 황홀경과 극한의 공포라는, 완전히 상반되는 대립 항들의 일치였다.

이것이 에로티즘의 역사를 통해 내가 내린 필연적인 결론이다. 그리고 한마디 더 덧붙여야 한다. 에로티즘을 본래의 영역에만 가두어 버린다면 **종교적 에로티즘**에 주어진 근본적인 진실, 즉 공포와 종교적인 것의 일치에 이를 수 없다. 전체적으로 종교는 희생 제의를 기반으로 성립했다. 하지만 대립 항들이 분명하게 이어지는 순간에, 희생 제의 속에 주어진 종교적 공포가 에로티즘의 심연으로, 에로티즘만이 환하게 비춰 주는 마지막 흐느낌으로 이어지는 순간에 다가가는 일은 끝없는 우회를 통해서만 가능했다.

옮긴이의 말

라스코에서 현대의 희생 제의까지, 에로티즘의 보편사

바타유가 생각한 혹은 꿈꾼 것을 이야기할 때면 전면에 등장하는 이름들——헤겔, 니체, 사드, 기독교 신비주의, 모스……——이 있고, 그 이면을 채우는 전기적 일화들, 특히 바타유가 태어나기 전에 이미 신경 매독으로 맹인이 된 아버지의 존재가 있다. 사랑하는 아버지가 고통으로 몸부림치던 모습은 유년기 바타유의 모호한 감정속에 각인되었을 터다. 아버지의 매독은 정신 착란으로 이어지고, 아들의 기억에 따르면 아버지는 광기 상태에서 아내와 아들에게 외설적인 욕설을 퍼부어 댔다. 바타유는 열일곱 살이던 1914년에 신앙을 받아들이고 사제의 길을 걷기로 한다. 그해 가을에 1차 세계 대전이 일어났고, 가족을 따라 남쪽으로 떠나지 못한 아버지가 랭스에서 홀로 사망했다. 그로 인한 죄의식 역시 바타유의 내면에 깊은 흔적을 남겼으리라. 1920년대 초반에 신앙을 버린 바타유는 파리 국립 고문서 학교에 입학했다. 졸업 후 마드리드를 여행하던 중에 목격한, 황소의 뿔에 눈이 찔린 투우사가 죽어 가는 끔찍한 광경은 일종의 '계시'처럼 그에게 형언하기 힘든 공포와 전율을 안긴다. 그 순간 존재의 내면을 뒤흔든 불안, 죽음, 공포는 '에로티즘'이라는 이름으로 그의 사유 중심에 놓이게 된다. "에로티즘의 진실에 다가가는 방법은 두려움의 전율뿐이니……."

바타유에게 에로티즘은 인간 이해 혹은 자기 이해의 출발이자 종착점이다. 『내적 체험(L'Éxpérience intérieure)』(1943), 『종교 이론(Théorie de la religion)』(1948), 『저주의 몫(La part maudite)』(1949), 『에로티즘(L'Érotisme)』(1959) 등으로 이어진 이론서들과 『눈 이야기(Histoire de l'oeil)』(1928), 『마담 에두아르다(Madame Edwarda)』(1941), 『하늘의 푸른빛(Le Bleu du ciel)』(1957), 『불가능

(L'Impossible)』(1962) 등으로 이어진 소설들을 관통하는 주제 의식은 바로 존재의 연속성으로 향하는 힘으로서의 에로티즘이다. 고립된 개체로서의 인간은 자연의 폭력과 마주 선 불연속적이고 유한한 존재다. 잃어버린 연속성과 융합의 추구로서의 에로티즘을 통한 존재의 열림은 '찢김'일 수밖에 없기에 에로티즘은 본질적으로 폭력의 영역이다. 인간의 불연속성과 개체성을 파괴하는 가장 폭력적인 힘인 죽음은 그래서 공포인 동시에 매혹이다.

『에로스의 눈물(Les Larmes d'Éros)』은 병으로 쇠약해진 바타유가 마지막으로 쓴 책이다. 사실 바타유의 글은 어려운 개념이나 현학적인 용어들, 복잡한 논리 전개로 이루어진, 일반적인 의미에서 철학적이라고 불리는 글들과 다르다. 오히려 일상 언어에 가까운 단어들로 만들어진 짧은 문장들이 주를 이룬다. 하지만 문장들의 연결 관계가 함축적이고, 그렇게 흐려진 자리에서 논리가 비약하거나 방향을 틀어 버리면서 독자를 당혹하게 한다. 『에로스의 눈물』만 보아도 중요한 말들이 (아마도 의도적으로) 생략되기도 하고, 이미 한 얘기가 다시 언급되기도 한다. 심지어 앞에서 말한 내용과 거의 똑같은 문장이 되풀이되기도 한다. 특히 『에로스의 눈물』은 논리의 흐름을 따라가는 이론서라기보다는 시적 에세이처럼 느껴지는 대목이 많고, 특히 책의 끝부분에서 중국인 죄수의 사진을 떠올릴 때는 바타유 스스로 자신의 삶에서 체험한 "고백하기 힘든" 것을 (아마도 그동안 소설이라는 허구의 틀을 빌려 좀 더 대담하게 고백해 온 것을) 고백하고 있는 듯하다. 『에로스의 눈물』은 '최종적 죽음'을 앞둔 늙은 철학자가 평생 동안 이어 온 생각을 한 방울씩 짜낸 결실이다.

1961년 처음 출간된 『에로스의 눈물』에는 상대적으로 짧은 글임에도 불구하고 이백여 장에 이르는 압도적 분량의 도해들이 함께 주어졌다. 이러한 특성은 포베르(Jean-Jacques Pauvert)라는 출판인을 빼고 생각할 수 없다. 포베르는 바타유의 『하늘의 푸른빛』을 비롯해 당대 작가들, 특히 오랫동안 금기시되었던 사드의 소설들을, 소송들로 불거진 온갖 논란 속에서도 끝내 출간해 냈기로 유명하다. 포베르의 「국제 성과학 총서」를 기획한 작가 로 두카(Lo Duca)가 당시에 붙인 서문에 따르면, 바타유는 "책의 성격을 선택하는 일부터 쪽 나누기의 리듬에 이르기까지 모든 것"을 직접 관장했다. 그 과정에서 "이미지의 이동 때문에 생각이 뒤처지거나 방해받거나 왜곡되지 않을까" 걱정하기도 했지만, "완성된 책은 그의 마음에 들었다." 그러나 "모든 것을 단번에 분명하게 말해 주는 지름길"이 될 수 있을 도해의 장점에도 불구하고 그 수가 너무 많은 것 또한 사실이다. 심지어 그중 상당수는 바타유의 글과 직접 관련이 없기에 저자의 사유를 따라가려는 독서를 방해할 위험마저 있다. 바타유 사후에 발간된 「전집(Oeuvres Complètes)」에 수록된 『에로스의 눈물』(1987년에 발간된 「전집」 10권에 『에로티즘』, 『질 드 레 소송』과 함께 실려 있다.)을 번역한 이 책은 바타유의 글을 중심 위치로 복원한 셈이다.

　『에로스의 눈물』은 두 개의 부로 구성되어 있다.

1부 「에로스의 탄생」은 초기 인류가 라스코 동굴 벽에 남겨 놓은 "모호하고 기이한" 장면을 중심으로 죽음에 대한 인식, 노동, 유희를 설명한다. 내장을 쏟으며 죽어 가는 들소와 아마도 그 상처를 낸 뒤 죽어 버린 새의 머리를 한 남자, 그리고 발기된 그의 성기…… 그것은 무엇보다 "죽음에 대한 인식"을 바탕으로 한 에로티즘 체험이다. 바타유는 에로티즘을 그 "최초의 조건" 속에서 다루기 위해 노동을 "제일 앞자리에" 놓는다. 그런데 노동을 근원으로 출발한 인간은 또한 노동을 유희로 바꿀 줄 알았고, 그것이 바로 동굴 속 장면에 담긴 "희극적 공포", "우스꽝스러운 잔혹성"의 의미다.

　　2부 「고대부터 오늘날까지」는 디오니소스교 시대와 기독교 시대로 나눠 에로티즘의 역사를 다룬다.(미완성으로 남은 『에로티즘의 역사(Histoire de l'Érotisme)』가 있지만, 그 책은 금기, 위반, 욕망 등 에로티즘을 이루는 요소들에 대해 주로 다룬다.) 즉, 기독교 이전 고대 세계의 "종교적 에로티즘"을 전쟁, 노예, 매춘 등의 사회적 변화 속에서 읽어 나간 뒤, 에로티즘을 단죄함으로써 역설적이게도 에로티즘에 강렬한 힘을 부여한 기독교 시대, 이어 프랑스의 '리베르티나주'와 함께 시작된 변화에 대해 논한다. 그 과정에서 사드, 고야, 질 드 레, 에르제벳 바토리 등과 중세 종교화부터 20세기 현대 미술에 이르기까지 에로티즘적인 회화들이 등장한다.

마지막으로 「결론을 대신하여」에서 바타유는 두 인물——부두교 사제와 능지형을 당하는 중국 죄수——을 통해 이미 『종교 이론』에서 상세히 고찰한 바 있는, 잃어버린 세계와의 연속성을 되찾고자 하는 옛 희생 제의를 다시 불러낸다. 존재의 고립과 불연속성에서 벗어나는 에로티즘의 열림이 존재들을 나누는 경계들을 침범할 때만 가능한, 즉 폭력을 동반하는 '찢김'이라면, 희생 제의는 바로 그러한 찢김의 방법이다. 에로티즘은 현실적 질서와 타협함으로써 신의 축복을 받는 유용한 성이 아닌, 종교 이전의 죽음의 불안이라는 '악마적' 양상에 해당하며, 희생 제의는 죽음의 광경을 통해 한자리에 모인 사람들에게 그 불안이 전파되는 순간이다. "현기증 이는 까마득한 공포와 도취 상태"에서 현실 경계 너머의 '성스러움(le sacré)'에 눈뜨게 된다.

이 책의 제목은 바타유가 "가장 매혹적인 에로티 즘 회화"라 칭한 마니에리즘, 특히 프랑스 마니에리즘 을 대표하는 퐁텐블로파에 속한 작자 미상의 그림 제목 에서 따온 것이다.(바타유는 마니에리즘에서 흔히 말하는 '인 위적 기교'보다는 불변의 진리를 거부하는 열병, 위험한 정념을 표현하려는 강박 관념을 본다.) 바타유는 또한 '에로스의 눈 물'이라는 제목에 '에로티즘의 빛으로 비추어 본 보편 사(histoire universelle à la lumière de l'érotisme)'라는 부제 를 붙이고자 했다. 『저주의 몫』과 함께 유명해진 '일반 경제학' 개념을 통해 학문들이 각기 제기하는 문제들을 개별 학문들의 바깥에서 다루고자 했듯이, 마찬가지로 개별 역사들이 제기하는 문제들을 보편사 속에서 통합 적으로 고찰하고자 한 것이다.

바타유는 스스로 "지속적이지 않은 모든 것"에 대 한 이성의 두려움 대신에 한순간에만 가능한 "종교적 황홀경과 에로티즘의 근본적 연결"을 보여 주고자 한다. 동시에 순간은 "순간들의 전체와의 관계" 속에서만 의미를 갖기에 "전체 속으로 밀고 들어갈 것"이라고 말한다. 그리고 '가능한 것'의 끝까지 가기 위해서는 두 번의 시간을 거쳐야 한다. 우선 "가능성이 풀려나는 분출의 시간"이고, 이어 그와 반대되는 "의식의 시간"이다. "한계 없는 에로티즘"이 "의식적 에로티즘"으로 이행하는 것이다. 그가 모든 위험과 혼란에도 불구하고 가능성의 극한까지 가고자 하는 궁극의 이유는 "인간이 진정으로 무엇인지"에 대해 우리의 의식이 눈을 뜨도록 하기 위해서다![75]

---

75 물론 바타유가 말하는 의식은 광기에 뒤이어 오는, 혹은 광기와 함께 오는 의식이기에 데카르트의 명징한 코기토와는 다르다. 그래서 바타유의 사유는 "밤의 사상"으로, 사르트르의 사상은 "낮의 철학"으로 명명될 수 있다.(정명환, 「사르트르의 낮의 철학과 바타유의 밤의 사상」, 『현대의 위기와 인간』, 민음사, 2006.)

옮긴이
윤진

아주대학교와 서울대학교 대학원에서 프랑스 문학을 공부했으며, 프랑스 파리 3대학에서 박사 학위를 받았다. 옮긴 책으로 『자서전의 규약』, 『문학 생산의 이론을 위하여』, 『사탄의 태양 아래』, 『위험한 관계』, 『페르디두르케』, 『벨아미』, 『목로주점』, 『알렉시·은총의 일격』, 『주군의 여인』, 『마르그리트 뒤라스의 글』, 『물질적 삶』, 『파리의 콜레트』 등이 있다. 출판 기획·번역 네트워크 '사이에' 위원으로 활동 중이다.

에로스의 눈물

1판 1쇄 찍음 2020년 5월 29일
1판 1쇄 펴냄 2020년 6월 12일

지은이 조르주 바타유
옮긴이 윤진
발행인 박근섭, 박상준
펴낸곳 (주)민음사

출판등록 1966. 5. 19. (제16-490호)
주소   서울시 강남구 도산대로1길 62
        강남출판문화센터 5층 (06027)
대표전화 02-515-2000 팩시밀리 02-515-2007
www.minumsa.com

© 윤진, 2020. Printed in Seoul, Korea

ISBN 978-89-374-9129-0 03100

* 잘못 만들어진 책은 구입처에서 교환해 드립니다.